«Lo que siempre me ha encantado de Jaci Velasquez es que resulta cien por ciento auténtica: segura de sí misma, jovial, amable, sincera. Siempre ha existido una cierta valentía con respecto a la presencia de Jaci, una disposición a ser vulnerable y real. En *Cuando Dios reescribe tu historia*, Jaci vierte su historia en las páginas, ofreciendo reflexiones honestas, esperanzadoras y a veces humorísticas sobre cómo navegar a través de las sorpresas inesperadas de la vida. Al igual que su música, la historia de Jaci te animará, te ayudará a sentir menos soledad, y te recordará cómo Dios usa los desafíos de la vida para ayudarnos a ver lo que es verdad, lo que es importante y lo que es hermoso en el viaje».

—MATTHEW PAUL TURNER, autor de
When I Pray for You y *When God Made You*

«*Cuando Dios reescribe tu historia* es una lectura obligatoria. No podrás dejar este libro. El mismo te lleva en un viaje que te hará sonreír, reír, llorar, orar y agradecerle a Dios por esas aventuras desconocidas que a menudo enfrentamos. Este increíble libro proporciona una visión fresca de cómo manejar las sorpresas de la vida. A veces tienes que soltar la pluma y dejar que Dios reescriba el resto».

—DESTINY MARKO, pastor de adoración de la iglesia Evangel

«Me encanta cómo Dios es capaz de convertir lo que consideramos un desastre en una obra maestra. ¡Eso es lo que ha hecho en mi vida y en la vida de Jaci! Estoy muy emocionada de celebrar y recomendar este nuevo libro. ¡Creo que será una verdadera fuente de inspiración y aliento para tu vida!».

—NICOLE C. MULLEN, cantante, compositora y coreógrafa

«En *Cuando Dios reescribe tu historia*, Jaci Velasquez habla con franqueza acerca de su familia, su carrera y su fe: toda su vida. Ella descorre el telón y comparte todo lo que ha atravesado y la ha llevado hasta donde está hoy. Su historia animará y equipará a los lectores para confiar en Dios a través de los altibajos de la vida, sabiendo que él tiene un propósito y un plan mayor».

—MARK SCHULTZ, artista con ventas de platino
y ganador de i

«Me encanta la forma en que Jaci ha compartido tan maravillosamente su viaje con todos nosotros, y cómo descubrió la diferencia entre un sueño dado por Dios y el suyo propio. Aunque ella ha enfrentado grandes desafíos, ha alcanzado un gran triunfo personal. En su estilo siempre dulce y agradable, Jaci comunica perfectamente el entendimiento importante de que Dios a menudo «cambia el guion» que hemos escrito para nosotras mismas, convirtiéndolo en uno que resulta mucho más significativo con el tiempo. ¡Estoy muy orgullosa de Jaci, he disfrutado mucho de este libro y sé que tú también lo harás! Prepárate para ser inspirada y animada a encontrar el guion que Dios ha escrito para tu vida».

—LORI CROUCH, presentadora de Trinity Broadcasting Network

«La vida no siempre sale según lo planeado, como *nosotros* lo planeamos. Pero Dios siempre tiene un propósito mayor. *Cuando Dios reescribe tu historia* de Jaci Velasquez es un hermoso ejemplo de esto. Su intrincada historia revela cómo Dios siempre está trabajando, revelándose a nosotros tanto en lo ordinario como en lo extraordinario. Después de leer la historia perspicaz e inspiradora de Jaci, estoy animada y lista para "voltear el guion" en mi propia vida y confiar en Dios con mis sueños».

—SANDI PATTY, cantante

«Hay dos palabras que yo usaría para describir este libro: verdad útil. Algunos libros brindan información, pero no es transformadora. Otros libros buscan ayudar, pero la base es la opinión personal y no mucho más. Jaci consigue lograr ambos. El libro te conectará con problemas reales y verás una intervención real de un Dios real. Se lo recomiendo a cualquiera que esté cansado de clichés y esté buscando experimentar una transformación real. Dios a veces permite que el dolor temporal produzca bendiciones permanentes, y este libro captura ese proceso».

—ROGER HERNÁNDEZ, autor, orador de la Conferencia SU de SDA, y director ministerial y de evangelismo

«Jaci nos lleva en un viaje de altibajos que nos conduce a la belleza. Con el deseo de buscar la verdad, las promesas de Dios han asegurado un lugar de verdadera paz en su vida. Como cantante, actriz, esposa y madre, descubrió que Dios continúa obrando de manera más alta que la suya, y nos anima a estar continuamente buscando lo mismo».

—DAVID LEONARD, productor, escritor y músico en EL viaje

«Jaci nos deja entrar en su dolor muy privado y personal para darle esperanza a cualquiera que alguna vez haya experimentado que la vida no resultó exactamente como la planeó. Belleza de las cenizas».

—PLUMB, artista de grabación y autora

«*Cuando Dios rescribe tu historia* es una lectura poderosa y transformadora para cualquiera que alguna vez se haya sentido abandonado por Dios. Jaci Velasquez comparte su fascinante historia de vida de una manera sincera, honesta y humorística, en la que te encontrarás riendo, llorando y asintiendo con la cabeza en cada página. Como una compañera de la tribu "Mamás de niños que no encajan en el guion que escribimos", encontré que su honestidad brutal sobre su viaje hacia la aceptación es sorprendentemente poderosa. Y descubrí consuelo e inspiración increíbles en la forma en que relaciona sin esfuerzo los desafíos de hoy a las experiencias bíblicas. Ella hace que esas historias antiguas cobren vida, destacando cómo son relevantes y poderosamente inspiradoras hoy. Si tú, como yo, alguna vez haz cuestionado la sabiduría o el amor de Dios ante los desafíos abrumadores de la vida, te recomiendo encarecidamente este libro. A través de la lente de Jaci, podrás descubrir que el guion que no imaginaste, el que Dios escribió para ti, es en realidad infinitamente más hermoso y significativo que el que escribiste para ti misma».

—WENDY TUCKER-WING, amiga y madre de un niño con discapacidades

«Vale la pena leer los recuerdos de la vida de Jaci por dos razones: ella no endulza los detalles crudos, lo cual es una buena recompensa para un lector curioso, y al contar su historia, encuentra la maravilla y el misterio de la capacidad infinita de Dios para convertir nuestro caos en belleza».

—AMY GRANT

Cuando Dios Reescribe TU HISTORIA

Encontrar valor, belleza y
propósito cuando la

VIDA ES *Interrumpida*

JACI VELASQUEZ

CON
JULIE LYLES CARR

GRUPO NELSON
Desde 1798

NASHVILLE   MÉXICO DF.   RÍO DE JANEIRO

*Para cualquiera que haya visto una película más
de una vez y haya deseado un final diferente.*

Contenido

Uno

La lente del valor

Por ninguna parte decía que fuera «contemporáneo, moderno, de líneas claras, con estilo y del siglo veintiuno».

En absoluto.

Sin embargo, lo mío en verdad es lo «contemporáneo, moderno, de líneas claras, con estilo y del siglo veintiuno».

(Sí, y *verdaderamente* es algo que con certeza repito, en la vida real, todo el tiempo. Juzga todo lo que quieras, pero en efecto me comunico mediante una mezcla de emoticonos y el lenguaje clásico de una chica de los suburbios).

En el delicado paisaje geopolítico conocido como «las relaciones con la familia política», sabía cuál era la postura correcta que debía adoptar. Y es así como ese mueble particular encontró su lugar en mi casa. Fue un regalo de mi suegra, algo que había significado mucho en aquellos tempranos días en que ella preparaba su hogar y para lo que no tuvo espacio cuando se mudó de Austin, Texas, a Tennessee a fin de estar más cerca de sus nietos, de mi esposo, Nic, y de mí.

Cuando tus parientes políticos recorren medio país abandonando la única ciudad a la que han llamado hogar por la única razón de estar cerca de ti, es el momento de ceder un poco. Y de aceptar. Así que... me aguanté.

Un armario en forma de caja, con patas largas y delgadas, hecho de madera teñida de un tono anaranjado tirando a morado, lleno de raspones y arañazos. En su interior se escondía una antigua máquina de coser cuyos engranajes y ruedas despedían un ligero aroma a aceite de engrasar. Al menos, pienso que son engranajes y ruedas. He aquí un resumen de mi experiencia con las máquinas de coser: sé cómo luce una. Punto final. Cómo funciona esa cosa y de alguna forma fabrica fundas de cojines y almohadas es para mí un absoluto misterio. En realidad, en lo que a mí concernía, aquel armatoste era algo extraterrestre de tono naranja tirando a morado. ¿Todo un mueble dedicado por completo a esconder una máquina de coser tremendamente pesada? ¿Acaso era un artículo necesario para sobrevivir a la frenética vida familiar cuatro o cinco décadas atrás? ¿Y qué se suponía que debía hacer con él ahora que había llegado a mi hogar, a mi posesión, y permanecía embarazosamente contra la reluciente pared blanca de mi salón? Desentonaba con mi sofá de cuero y mi sistema de televisión y sonido blancos que flotaban en medio de mi concepto de espacio abierto, los cuales descansaban sobre una alfombra de piel de vaca blanca y negra, un cuadro en el que sobraba aquel aparador de pespuntes. *¡Lo que una tiene que hacer por amor a la familia!*

Lo dejé allí, ignorado durante largo tiempo, sin saber qué hacer con él ni cómo apañármelas para sacarlo en secreto de la casa y echarlo a la hoguera en el patio trasero. No encajaba en mi decoración moderna cuidadosamente planificada, cuyos muebles fueron adquiridos y colocados con sumo esmero. Durante un breve y glorioso momento, lo visualicé como uno de esos artículos que alguien anuncia en eBay o Pinterest que acaba llamando la atención de algún loco coleccionista de dinero. Ya sabes a lo que me refiero, ¿verdad? Una cosa que alguien dona a la beneficencia resulta valer unos buenos quinientos dólares. ¿Y si aquel armatoste fuera algo así, algún extraño hallazgo? Un tesoro para los coleccionistas de armarios para máquinas de coser. Sería genial, ¿cierto?

Realicé una de esas búsquedas supermeticulosas y completamente autoritativas en Google. Nada. Solo ganaría lo suficiente para enviarle aquella cosa al comprador y quizás ni siquiera para eso. Además, tendría que descifrar todo el tema de eBay, y aquello sonaba tan divertido como aprender a coser.

¿Coser? ¡Ni hablar! Por tanto, ¡no!

El armario para la máquina de coser y yo estábamos atascados en una relación sin salida.

• • •

Apuesto a que, como yo, habrás heredado algunas cosas que nunca habrías elegido. Tal vez sea el montón de deuda estudiantil que tu cónyuge aportó al matrimonio. O esa respuesta explosiva que asoma cada vez que alguien no es sincero. O ese rasgo físico que viene de tu madre y hace que no haya un par de vaqueros bonitos que parezcan sentarle bien a tus caderas. O quizás se trate de un patio trasero lleno de pollos, pero me estoy adelantando a los acontecimientos.

La verdad es que algunas cosas aparecen en nuestra vida y son como mosquitos irritantes. O como urgencias del tamaño de un elefante. Grandes o pequeñas, todas comparten la misma melodía: no son lo que planeamos. No son lo que esperábamos. No siguen el guion que habríamos escrito. No se corresponden con la vida que hemos previsto. Ya he experimentado mi parte.

Como casarme con esa persona que esperaba fuera «la correcta». Y esa petición, que de veras pensaba que Dios iba a cumplir... y después no lo hizo. Mi mundo se puso al revés al llegar el hermoso bebé, de puntuación perfecta en el test de Apgar al nacer, con sus diez dedos en manos y pies, para descubrir años después que existían retos significativos en su desarrollo cuando se dirigía a la escuela. Y me identifico por completo con intentar hacer lo correcto y que luego todo salga mal.

Mi primera respuesta ante una decepción así suele ser deshacerme de lo que sea. Si algo no encaja, no tiene sentido, quiero liquidarlo. En ocasiones, hasta haré de esto un asunto superespiritual, orando para que sea expulsado de mi «jardín» y proclamando todo tipo de promesas.

He intentado arrastrar varias de estas cosas hasta la hoguera, dispuesta a sacarlas del salón de mi vida. Sin embargo, algunas de estas cosas inesperadas, una vez que han traspasado la puerta de mi vida, no retrocederán por mucho que las empuje o suplique por ellas. Parecen haber aparecido por una razón. Y ahora tendré que imaginar cómo hacer que encajen. Al margen de lo que yo esperaba, estas cosas exigen que el guion y el rumbo de mi vida se escriban de nuevo.

. . .

¿Dónde están mis amigas a las que les encanta planificar? ¿Las que reúnen sus ideas, sacan sus calendarios y crean un modelo mental de cómo se va a desenvolver todo, ya sea una boda, un *baby shower*, la trayectoria laboral o la vida?

Si has alzado la mano, tenemos eso en común. Somos las mujeres que sabemos hacer las cosas. Vemos una necesidad y la suplimos, se trate de un proyecto escolar de nuestros hijos o una idea del negocio que necesita ser impulsada. Aunque soy amante de una buena aventura y en ocasiones me resulta emocionante no saber qué me espera a la vuelta de la esquina, por lo general me gusta ver qué me aguarda. Quiero tener claro lo que hay en el horizonte de mis chicos en la escuela. Encuentro tranquilidad y constancia en que cada viernes celebremos la noche de pizza familiar con nuestros pijamas en la casa. Por supuesto, deseo tener un pequeño margen de maniobra que permita cierta creatividad, pero en general me gusta que las cosas tengan sentido, que los acontecimientos se produzcan cuando se supone que deben hacerlo, y que los programas previstos resulten tal como los planifiqué.

Y de vez en cuando ocurre así.

Sin embargo, son muchas las situaciones de mi vida que no parecen haberse enterado de ello. Llegaron arrasando en momentos inesperados. Presentaron desafíos que no estaba lista para asumir. Me parecían inútiles, como si para mí tuvieran la misma utilidad que una caprichosa máquina de coser dentro de un armario grande y poco atractivo, por poner un ejemplo... algo para lo cual no tenía ni tiempo ni espacio.

Seguro que has experimentado algo así. Cosas pequeñas como que la batería de tu auto se muera cuando intentas llegar al trabajo por la mañana. Cosas grandes como la ruptura con ese chico con el que estabas segura de casarte.

Y te haces preguntas. ¿Por qué sucedió así? ¿Cómo se supone que tienes que recomponerlo todo? ¿Por qué todos tus esfuerzos, tus oraciones y tu planificación ahora parecen más una irónica lista de deseos?

Para las que somos planificadoras esto es un reto especial. Nuestros planes se convierten en nuestros guiones, y nos gusta que las cosas salgan según el programa. Nos gusta sabernos nuestros «diálogos» y ser capaces de anticipar cómo creemos que se desarrollará nuestra vida. Por ello, cuando las cosas se «salen del guion», como se suele definir en el negocio de la actuación, cuando parece que la vida es una improvisación total, podemos sentirnos mareadas. Confusas. Y un poco locas. No obstante, en lo que respecta a las cosas que nos sacan del guion, los retos y el caos inesperados, he de reconocer que todavía no he encontrado una agenda ni una aplicación en mi teléfono inteligente, ni un blog organizador, ni un pin en Pinterest que pueda eliminar tales obstáculos de mi vida.

Sin embargo, he conocido a un Hacedor que tiene algunas ideas. Un Creador al que se le da muy bien tomar lo inesperado, lo indeseado, lo injustificado, lo imprevisto, lo impensado, y convertirlo en los elementos de una historia asombrosa, de una vida poderosa. Él no promete conveniencia, ni horarios preferidos, ni orden. Francamente, a veces me recuerda al reparador de un cable o un aparato, que en lugar de darme una cita específica para realizar los arreglos, solo me pide que esté pendiente todo el día y él estará ahí. Tarde o temprano.

Y *él lo hace*.

Mientras más tiempo paso esperando a Dios, más llego a conocerlo como una clase de especialista particular. Sí, él es el Gran Médico, como afirma el título del pasaje de mi Biblia donde Jesús habla de los enfermos que necesitan un doctor. No obstante, Dios también me ha mostrado que entiende de exámenes oculares. Él es el Gran Oculista, por así decirlo, que está preparado con una serie de lentes para que yo los pruebe.

Los exámenes de los ojos siempre me producen risa. Hay algo muy extraño en sentarse del otro lado de la máscara facial de metal, esa cosa que parece un parquímetro con esteroides suspendido ante mi rostro. El oculista se sienta tras ella, respirando el aire que yo exhalo. ¡Lo tengo tan... próximo a mi rostro! Nadie se acerca tanto a mí, excepto Nic y mis chicos. A continuación, viene toda la secuencia durante la cual el médico de los ojos repasa los diversos niveles de pequeños discos de cristal en la máquina metálica, encajándolos con un clic en su lugar. «¿Este... o este?», pregunta, mientras la lámina con la tabla optométrica que se encuentra a su espalda adopta mayor nitidez según el enfoque o se hace más borrosa con cada opción. Siempre me sobresalto cada vez que pasa a un nuevo disco y mis pestañas rozan el cristal.

«¿Este... o este? ¿Uno... o dos?». Seguimos con este baile por un momento, y las opciones se transforman ópticamente con cada clic. Mi cerebro se embrolla intentando encontrarles sentido a las últimas lentes. Me esfuerzo en recordar con cuál veo mejor, con la que tengo ahora o con la correspondiente a dos o tres clics anteriores. Con el siguiente clic contemplo el amasijo de marcas en la pared distante a través de las lentes correctas y ahora puedo leer. Lo que poco antes parecía un jeroglífico antiguo se convierte ahora, con la perspectiva adecuada, en algo que puedo reconocer, a lo que le encuentro valor.

¿Este o este?

Pienso mucho en el «versículo del examen ocular». Lo escribió Pablo, quien creía estar haciendo toda clase de buenas obras en el mundo intentando que todo fuera predecible, que todo encajara a la perfección. Desglosar esto me va a tomar algún tiempo, de modo que aguarda un instante. Cuando empezó a encontrarse con aquellos que seguían el mensaje radical de la gracia de un sujeto que, según afirmaban ellos, no solo era un mesías, sino *el* Mesías, Pablo entró en acción para callarlos. Estas personas no se ajustaban a su entendimiento de cómo debería manifestarse la iglesia. Este Jesús del que hablaban todo el tiempo no cuadraba con la forma en que, según Pablo, Dios debería estar actuando. Él estaba enardecido y quería proteger el *statu quo*, por lo que llegó a tomar medidas extremas para intentar purgar su experiencia de todo lo que no se correspondiera con su plan de vida cuidadosamente documentado.

De modo que Dios, a su vez, aumentó su persecución de Pablo y lanzó una intervención al borde del camino.

Pablo se encontraba de camino a una ciudad llamada Damasco, con los permisos de arresto firmados por el sumo sacerdote en mano para buscar a todo el que perteneciera al pueblo de Jesús y arrastrarlos de vuelta a Jerusalén. Su plan estaba trazado hasta en el más mínimo detalle, tenía todo el papeleo en orden, y se encontraba a unos pocos kilómetros de reorganizar Damasco tras la influencia de aquellos impredecibles apóstatas.

Entonces apareció un gran haz de luz y cayó sobre él, justo en medio del camino. El deslumbrante resplandor lo envolvió, y Pablo vivió la inesperada aventura de conversar con el mismísimo Jesús del que intentaba purgar a sus paisanos.

Pablo relata su experiencia en Hechos 26, y siempre se ha creído que Jesús le habló en una especie de lenguaje shakespeariano teatral. Le advirtió: «Dura cosa te es dar coces contra el aguijón» (v. 14,

RVR1960). Por alguna razón yo escucho cómo Jesús pronuncia esas palabras con un cierto acento inglés antiguo. Sin embargo, cuando escarbo en esa extraña frase, encuentro en ella algo para ti y para mí.

Un aguijón, o *puya para buey*, como lo traducen algunas versiones de la Biblia, era un palo de madera con una punta de metal o clavo que se utilizaba para mantener a los bueyes y al ganado en fila. No pretendía herir ni maltratar al animal, tan solo darle un empujoncito para recordarle en qué dirección quería su amo que fuera. Y es que cuando ocurren cosas inesperadas, los bueyes suelen desbocarse y reaccionar contra aquello que los ha asustado. Algunas veces los bueyes son sencillamente obcecados y quieren andar a su antojo en lugar de obedecer, y al responsable de estos animales le viene bien tener un aguijón a mano para hacer que estas reses grandes y torpes vuelvan al carril que más le convenga. Y Pablo había estado haciendo exactamente eso, había estado actuando como un buey obcecado dando coces contra lo mejor de Dios.

Por tanto, después de que Jesús hiciera brillar la luz sobre Pablo y le preguntara por qué lo había estado persiguiendo, le señaló de manera compasiva que todo ese pataleo contra los aguijones lo estaba perjudicando. En realidad, Pablo se estaba estrellando contra aquello mismo que debía dirigirlo hacia un nuevo rumbo en su vida.

Y no te pierdas esto: después de esa conversación, Pablo descubrió que no veía. Aquel encuentro lo había dejado ciego. Tambaleándose, entró en Damasco, y todos sus planes y su burocracia para penalizar a los prosélitos de Jesús quedaron hechos trizas. Llegó a casa de Ananías, pasó unos días allí, y cuando fue bautizado en el nombre de Aquel al que había intentado consignar al basurero teológico, recuperó la vista.

Esta es la historia de fondo que me conduce al que es, sin duda, el versículo más famoso de Pablo. Lo escribió unos años después de su encuentro con Jesús. Es como una bofetada en forma de versículo en medio de uno de sus escritos más célebres, todo el «capítulo del amor» de 1 Corintios 13. Él había estado hablando acerca de lo que es y lo que hace el amor en ese pasaje que sueles escuchar en las bodas, esas palabras que oirás en boca de tus amigas, cristianas y no cristianas por igual, cuando hablan de relaciones y altruismo y romance. Luego Pablo cambió el tema y habló de llegar a ser más maduros.

Y, a continuación, él afirma algo sobre cómo, justo ahora, en esta vida, vemos oscuramente a través de un cristal.

¿Qué? ¿Cuál es ese cristal y cómo se ve oscuramente? (Más acento shakespeariano.)

De modo que profundicé un poco. Me gusta cómo lo presenta la Nueva Versión Internacional: «Ahora vemos de manera indirecta y velada, como en un espejo; pero entonces veremos cara a cara. Ahora conozco de manera imperfecta, pero entonces conoceré tal y como soy conocido» (1 Corintios 13.12). Bueno, ya vamos sacando algo en claro.

Se trata de nuevo de ese tema de las lentes, de Dios como el Gran Oculista. Con demasiada frecuencia analizo algo, pero no logro entenderlo del todo. Solo estoy permitiendo que mi mirada rebote sobre cómo me va a afectar el asunto, cómo se refleja en mí, qué inconvenientes me causa, cómo parece fuera de lugar teniendo en cuenta la forma en que me veo a mí misma. Estoy usando lo que me parece una lente de perspectiva como un espejo en lugar de ser algo que agudiza mi capacidad de ver y conocer a Dios. Y parte de ello, como afirma Pablo, se trata de una cuestión de ahora y después. En mi presente, en mi hoy, no siempre voy a comprender o ser capaz de dilucidar las cosas, y aunque se vayan aclarando con el tiempo, todavía no entenderé por completo todas las preguntas y los retos de esta vida hasta que esté cara a cara con Dios.

Sin embargo, este versículo me sigue desafiando de un modo hermoso. Y es que demasiado a menudo uso mis circunstancias como una selfi o autofoto, contemplando las cosas solo a través de cómo percibo el valor, la prioridad y los mejores deseos.

No creo equivocarme si asevero que el resultado del encuentro de Pablo con Jesús en aquel viaje para aplicar la ley en el camino a Damasco fue que no pudo usar sus ojos físicos. Pablo necesitó un enorme cambio de perspectiva, unos ojos nuevos con los que navegar por un mundo en el que aprendería a seguir a Jesús.

Yo también lo necesito. Preciso ir al Gran Médico de los ojos con regularidad y dejarme caer tras su máquina de lentes espirituales. Requiero aprender de nuevo que las lentes que me hacen falta no son sencillamente aquellas que me devuelven una imagen de cómo veo las cosas, sino más bien unas nuevas para ver todo el camino hasta él, con trifocales de confianza, gracia y propósito incorporadas a la óptica.

No estás equivocado cuando algo aparece en tu vida y lo tomas como algo que no encaja. Si no sigue el guion, no se ajusta al rumbo que tú creías tener, a lo que habías soñado, a lo que concuerda con tus planes y tus metas. Has dado en el clavo. Tienes razón. Es correcto observar que este reto, crisis o dilema destaca como el proverbial pulpo en un garaje. En realidad es el primer paso: ser lo bastante sincero como para reconocer e identificar lo que no te encaja. Sin embargo, resulta difícil de entender. He intentado demasiado a menudo «pensar positivamente» para imaginar que reconozco de verdad que un nuevo reto no es positivo en mi vida. He emulado el optimismo de Pollyanna e intentado fingir que descubro cómo afrontar los inconvenientes o la vergüenza de ser una aguafiestas indeseada cuyo camino se escora. He intentado ignorar los problemas y las señales de advertencia que aparecen en el tablero de mi vida, y sigo conduciendo a la misma velocidad, en la misma dirección, a la vez que las luces de emergencia me lanzan sus destellos desde mi visión periférica.

Los aguijones, si lo prefieres.

Tengo una revelación para ti. (También lo fue para mí).

Ignorar lo que no nos gusta en nuestra vida no hace que estas cosas sean invisibles. Solo pospone lo inevitable. Y esto es que, al fin y al cabo, de un modo u otro, tendremos que ocuparnos de ello.

Confía en alguien que era experta en convencerse de que no había malas hierbas en el jardín de su vida mientras que la hiedra venenosa colgaba de cada cerca.

De modo que estar dispuesta a mirar hacia abajo a lo que se presenta y estar dispuesta a comprender que no te gusta son cosas buenas.

Siempre que no te quedes atascada ahí.

Justo ahora, toma el reto, el dolor, la inquietud o el temor que hay en tu vida, y míralo con detenimiento, examínalo con rigor. Reconoce que existe. Y entiende que solo ves su contorno difuminado.

La claridad solo llega cuando nos ponemos unas gafas nuevas.

• • •

Por lo tanto...

Cose.

Aquel armario para la máquina de coser. Voluminoso. Un adefesio. Aleatorio. Sin función en mi vida ni en mi salón que yo pudiera percibir. Un obstáculo para mis objetivos decorativos. Hasta que lo miré a través de una lente distinta.

Una esquina de nuestra mesa de comedor parecía coleccionar todos los objetos triviales de nuestra vida cotidiana. Llaves, teléfonos móviles, carteras, monedas, tareas escolares que debían hacerse. Siempre me fastidiaba ver todo aquello dispersado sobre la limpia superficie blanca cubierta con un cristal de mi cara mesa de comedor, una adorada pieza icónica de mi vivienda moderna. Necesitaba buscar un lugar donde pudieran estar todos aquellos artículos, algo accesible, pero que no estorbara.

Le di un vistazo a la habitación y lo vi con nuevos ojos.

Aquel armario para la máquina de coser. Si lo trasladaba a aquel rincón, apoyado contra la pared cerca de la puerta trasera... bueno, podría servir.

Y si lo retocaba y le daba una nueva capa de pintura de pizarra negra, por ejemplo... sí... tal vez...

Me fui a Home Depot con una nueva visión de lo que podría ser. En los pasillos con olor a contrachapado agarré los suministros de pintura para muebles y regresé a casa. Extendí una lona, retiré la tapa de la pintura y hundí la brocha. Pincelada a pincelada, empecé a darle un nuevo propósito. Más o menos en una hora había acabado con la segunda capa de pintura. Me retiré para comprobar el resultado.

Quedé perpleja. La pintura negra de pizarra reveló unas líneas en aquel destartalado mueble de las que no me había percatado antes. ¿Y las larguiruchas y extrañas patas que mantenían en pie aquel cajón y que me resultaban tan desproporcionadas? Pues ahora podía ver la variación única de la madera en lo que más tarde descubrí eran llamadas patas de junco, con estrías talladas cuidadosamente para proporcionarles dimensión. ¿Y aquellas sencillas curvas arqueadas que repujaban las puertas gemelas del frontal del mueble? ¿Cuál era su procedencia? Aquellos arcos le adjudicaban cara a la parte delantera del arcón, elegantes cejas sobre los tiradores de cristal a modo de ojos enjoyados. ¿También habían estado ahí todo el tiempo?

No podía aguardar a que la pintura se secara para trasladar el mueble a su lugar y descubrir cómo se veía junto a la puerta trasera. Cuando quedó ligeramente pegajoso al tacto, lo empujé por el suelo de madera, todavía sobre la lona de pintar, hasta la pared donde tenía la esperanza de que encajara.

Y así sin más, encajó prácticamente en su sitio. Cabe a la perfección entre los amplios ventanales que enmarcan la vista de nuestro patio trasero y la puerta trasera, por donde entramos y salimos de la casa. Con justo el espacio suficiente de pared a cada lado para hacer que se vea equilibrado e intencional, no con un trozo de pared demasiado grande para que se viera perdido o como una ocurrencia tardía. Con su nuevo acabado y su nuevo hogar, aquel armario de la máquina de coser era ahora una pieza destacada de la habitación, peculiar, inesperado, glamuroso y funcional.

Es el punto perfecto para dejar las llaves y los libros de la escuela cuando entramos. Constituye un gran tema de conversación, pues es algo que no se puede encontrar en los almacenes locales. Es toda una declaración, ya que su oscuro color mate es un complemento extraordinario para mis paredes blancas como la nieve. Es una cuestión de honor, un recordatorio de la infancia de Nic y la generosidad de mi suegra.

Y todo porque descubrí la hermosura de darle un nuevo propósito a algo. Todo porque acepté la idea de dejar que se escribiera un nuevo guion. Todo porque un día cualquiera lo vi desde la perspectiva de la posibilidad y no del problema.

De vez en cuando les relato la pequeña historia de ese mueble a los amigos que preguntan sobre él. Hablamos de las patas aflautadas y el tallado de sus puertas delanteras, de lo pesado que es el armatoste, de la máquina de metal que sigue oculta en su interior. Y les muestro el interior de las puertas del arcón. Cuando le di un nuevo propósito, en medio de mi entusiasmo conforme se reveló su hermosura, no dediqué tiempo a pintar la parte interna de las puertas, pues no se ve desde afuera. Supongo que alguien más aplicado y diligente habría desarmado todo el trasto, lo habría lijado con esmero, lo habría pintado, lustrado y montado de nuevo. Sin embargo, me alegro de no haberlo hecho. Estoy contenta de poder mostrárselo a los demás y recordar cómo empezó toda la relación entre ese mueble y yo. Cómo, desde nuestra primera cita, sencillamente no pensé que las cosas iban a funcionar. El interior sigue siendo una instantánea de color anaranjado tirando a morado de cómo empezó todo, como un adefesio para mi vista... hasta el día de hoy, cuando el poder y la belleza de dar un nuevo propósito me enseñaron poderosas lecciones sobre cómo ver con nuevos ojos.

¿De qué se trata para ti? ¿Qué te acecha en el salón de tu vida, indeseado y no invitado? Podría ser una crisis enorme. O una pequeña e irritante. Y tienes que escoger la lente a través de la cual considerarla. A través de la lente de Dios puedes llegar a descubrir la forma de darle un nuevo propósito a aquello que hiere, a ese fracaso, a eso que no encaja. Podría convertirse en una de las cosas más funcionales y útiles de tu vida. Podría ser la semilla de tu servicio a otros que experimentan algo similar. Dios no cesa de darles un nuevo propósito a las cosas confusas, desiguales, que parecen aleatorias y aparecen en nuestras vidas, convirtiéndolas en una misión y un propósito.

Si estuviéramos solo dispuestos a mirar.

DALE LA VUELTA AL GUION

Revertir las posturas habituales o existentes en una situación; hacer algo inesperado o revolucionario.[1]

Al final de cada capítulo encontrarás una sección diseñada para ayudarte a reflexionar en lo que acabas de leer, y algunas ideas a considerar y aplicar a tu vida en lo que respecta a lo torpe, lo inesperado, lo poco atractivo, lo indeseado, lo confuso. Cuando Dios está reescribiendo el guion de las cosas en nuestra vida, podemos participar y colaborar en esa experiencia si somos sinceras en cuanto a dónde creíamos que se dirigían las cosas, si somos conscientes de cómo resultaron en realidad, y si estamos dispuestas a permitir que Dios use todo de una nueva manera.

- Reconoce el asunto. Ahí está el quid de la cuestión. Experimenta todo el espectro de emociones. No finjas que no existe. Míralo de frente y admítelo.
- Observa las líneas. Yo había estado tan ocupada contemplando los chocantes colores del armario para la máquina de coser que jamás le había dado una mirada a su forma en general. Aquel amigo y colaborador de confianza que sacudió tu mundo entero cuando descubriste que había estado chismorreando a tus espaldas y adueñándose del mérito de tu trabajo. Sí, la injusticia anaranjada tirando a morada y el daño que produce te lastimarán primero los ojos. Sin embargo, da unos pasos atrás. La amistad en general tiene hermosas y significativas líneas en tu

vida. Las relaciones con los demás tienen un propósito poderoso y encierran un tesoro. No permitas que el destartalado acabado de una amistad haga sombra en la conexión en general.

- Pregúntate a ti mismo «¿Y si...?». ¿Y si esta situación tiene algo que enseñarme? ¿Y si este obstáculo puede hacerme más fuerte? ¿Y si salgo de esto con mejor percepción y compasión? ¿Y si existe la posibilidad de que esto sea de bendición?

Recorre estos escenarios en tu mente, sobre todo buscando la forma en que tu experiencia podría ayudar a otros. Pablo, el sujeto al que Jesús tuvo que cegar para que finalmente viera, escribió estas palabras a una iglesia en Corinto a la que amaba, en medio de las muchas cosas inesperadas, desagradables y no planificadas que les sucedieron a aquella congregación:

Alabado sea el Dios y Padre de nuestro Señor Jesucristo, Padre misericordioso y Dios de toda consolación, quien nos consuela en todas nuestras tribulaciones para que, con el mismo consuelo que de Dios hemos recibido, también nosotros podamos consolar a todos los que sufren. Pues, así como participamos abundantemente en los sufrimientos de Cristo, así también por medio de él tenemos abundante consuelo. Si sufrimos, es para que ustedes tengan consuelo y salvación; y, si somos consolados, es para que ustedes tengan el consuelo que los ayude a soportar con paciencia los mismos sufrimientos que nosotros padecemos. (2 Corintios 1.3-6)

- Escoge la historia. No se trata tanto de cubrir, sino de volver a pensar en ello, de imaginarlo de nuevo. ¿Cómo quieres poder contar la historia de todo esto una vez que estés del otro lado? Como compositora he reunido las historias, las emociones y las experiencias de mi vida para traducirlas mediante las rimas y el ritmo de la música. Y, a sabiendas o sin saberlo, tú estás haciendo lo mismo con las tuyas. Las cosas no nos ocurren a nosotras, sino que fluyen a través de nosotras y existe un tremendo poder en cómo lo narremos, cómo lo cantemos. ¿Qué hay de ti, amiga? ¿Cómo quieres que hable o cante tu vida?

Dos

Nuevos sueños

Obtuve mi educación en el asiento trasero de un Honda azul acero de 1985. La tapicería interior de tela azul se hallaba salpicada de pequeñas quemaduras de cigarrillo, a la cual se le había hecho un torpe remiendo para intentar ocultar el estropicio. Mis ojos contemplaban aquellos agujeritos buscando patrones y líneas entre los puntos, intentando construir constelaciones en la tela, cualquier cosa que me distrajera de lo que estaba haciendo.

¡No vayas a pensar mal!

El asiento trasero de aquel Honda fue el aula de mi escuela en casa, donde en realidad fui educada. Algunas veces, también en mi salón. En mi comedor. En mi dormitorio. En mi sala de estudios. Y aquellas quemaduras de cigarrillo y su posterior remendado tan poco acertado eran obra de mi hermano mayor, quien tomaba el auto prestado en ocasiones y fumaba a escondidas mientras conducía. Él tiraba las cenizas por la ventanilla del conductor y estas caían en el asiento trasero, estampando por toda la tapicería una historia de pecas ardientes.

Cuando tenía nueve años, la música y el ministerio de mis padres nos llevaban a las iglesias de todo el país. En un momento dado, ellos se dieron cuenta de que yo sabía cantar, y me añadieron a su programa. Así que guardábamos todas nuestras cosas en el maletero del *Old Blue*, nos poníamos en marcha para el siguiente concierto, y pasábamos los días en las autopistas, en restaurantes baratos, y en iglesias grandes y pequeñas.

Mientras tanto, yo estudiaba en el asiento trasero, con los cuadernos de ejercicios y los libros de texto desparramados por el suelo. Teníamos un equipo de televisión y vídeo de viaje, y mi madre consiguió un programa de estudios para mí con lecciones en vídeo combinadas con un conjunto de libros de textos y hojas de ejercicios. Colocábamos el equipo de viaje apretado entre los asientos delanteros de mis padres, con la pantalla hacia mí, y yo me afanaba con los diagramas de frases, las tablas de multiplicación y el deletreo de las palabras. A continuación, cuando había acabado con mi trabajo escolar, veía películas.

¡Ah, las películas! Sigo siendo una fanática del cine y puedo definir perfectamente de dónde me viene. En aquellos días que recorríamos Estados Unidos para llegar al siguiente estado, ciudad e iglesia, las películas eran mi ventana a lo que yo creía era la vida «normal» de otras personas.

A través de los filmes empecé a construir un sueño sobre cómo pensaba que era la escuela «real», y en última instancia, lo que yo quería para mis hijos con respecto a su educación.

Veía películas sobre escuelas secundarias y los dramas entre las animadoras y los jugadores de fútbol, los *nerds* y los *geeks*.* Los

---

* Los *nerds* y los *geeks* representan a Howard y Sheldon, personajes de la serie *The Big Bang Theory*. En principio son lo mismo: personas obsesivas, los primeros con la ciencia ficción y los segundos con las matemáticas. Personajes raros, en cualquier caso, expertos en tecnología. (N.T.)

comentarios sarcásticos entre chicos mientras se dirigían a sus taquillas. ¿Taquillas? ¡Sí, por favor! Nada me parecía más glamuroso que tener una taquilla propia donde guardar los libros de texto «normales» (en vez de los míos supercristianizados), el organizador de Lisa Frank y el brillo labial rosa fuerte. Sabía exactamente cómo sería el interior de mi taquilla de fantasía.

Me habría gustado tener una de esas alargadas, en donde puedes colgar un vestido de noche a todo lo largo (obviamente para el baile de graduación, ¿o acaso no es lo que hace todo el mundo?), con varias estanterías disponibles. Una de ellas sería para todas mis carpetas seleccionadas por colores. Otra sería para mi maquillaje y la laca del cabello. Y destinaría una más para mi atuendo de animadora, porque yo sería una de ellas, por supuesto. Tendría un espejo con marco fucsia y negro en la parte interna de la puerta de la taquilla, y pegaría fotos fabulosas de mis amigos y yo con imanes en forma de corazón. Forraría el fondo de mi taquilla con papel adhesivo a rayas negras y blancas, y la revista *Seventeen* querría hacer un artículo sobre ella, algo así como «¡Las mejores taquillas!». En él se mostraría que había coordinado mi taquilla de la escuela con mi increíble dormitorio en casa, una continuidad de mi marca personal y mi dulce sofisticación adolescente. Mi taquilla estaría siempre muy organizada, sería hermosa, y cuando ese chico perfecto se detuviera entre clases para flirtear conmigo (como lo hacen los chicos en todas las películas), echaría un vistazo casual a su interior y quedaría prendado por todo lo que implicaba la apariencia de la misma: una mezcla de dulzura y ambición, una fusión de capricho e inteligencia, la imagen de una chica que lo tiene todo controlado y con la cual sería maravilloso salir. Sobra decir que la taquilla de mis fantasías debería tener el tamaño de una casita, pero es que yo me jugaba mucho en dicho escenario.

Mirando en retrospectiva, me sorprende haber creado semejante imagen de cómo debería ser mi vida basándome en las series para adolescentes y las comedias románticas convenientes que había visto con tanta frecuencia. Esto me llevó a creer que el guion de la vida seguiría la senda adecuada del chico que conoce a la chica, tras lo cual se enfrentan a una serie de trabas cómicas en su camino a la felicidad, para terminarlo todo esmeradamente, con un montaje de música increíble y un beso romántico.

Sin embargo, en mi vida real, nos apresurábamos de una iglesia pequeña a la siguiente, pernoctando como invitados en casas particulares —a menudo con personas que no conocíamos— amontonados en extraños salones y dormitorios infantiles sobre colchones inflables. La única rutina era, precisamente, la falta de ella, excepto que la familia se pasaba el día en la carretera, realizando largos trayectos durante la noche para llegar a la actuación siguiente. De modo que, en cuanto acababa mi tarea escolar del día en el asiento trasero de aquel Honda, sacaba el vídeo del programa de estudio del equipo de televisión y vídeo de viaje, e introducía el siguiente capítulo de la serie para adolescentes o la comedia romántica de turno, dejándome engullir en el espejismo de esas historias, sus imágenes y sus bandas sonoras con todo el entusiasmo del viajero en un desierto solitario.

Es probable que a una cultura como la nuestra, a la que le gusta destacar siempre, le pareciera contradictorio que yo fantaseara sobre una vida lejos de los focos. Me encantaba cantar e interpretar con mis padres. Valoraba la atención, la fascinación que las personas sentían por una niña que cantaba y, al crecer en dicho entorno, era lo único que sabía hacer. Estaba agradecida en ese entonces y lo sigo estando hoy. No obstante, los seres humanos solemos pensar que hay algo mejor, ¿no es así? Constantemente vamos a la caza de aquello que parece fuera de nuestro alcance, ese prado verde que se halla del otro lado de lo que se ha convertido en nuestra rutina polvorienta y familiar, y que nos hace ansiar un trago de esa copa idealizada.

Para mí, nada parecía más seductor que lo que consideraba los suburbios típicos completamente estadounidenses.

Un sorbo de lo «normal». Saborear algo «habitual». Una sed de lo que consideraba mejor, coherente, encantador, el glamur de una infancia convencional en un hogar tradicional con padres normales que tuvieran trabajos corrientes, para que así yo pudiera vivir la vida que veía retratada en aquellas series de adolescentes.

De manera que no me cuesta mucho descifrar la procedencia de un sueño en particular. Cuando Nic y yo tuvimos a nuestro primer hijo, Zealand, contemplé maravillada su diminuto y hermoso rostro, con sus fascinantes ojos oscuros, y decidí justo en ese momento que tendría una infancia normal. Ese era el sueño. Una escuela tradicional al final de la calle donde habitaríamos en una casa normal con patio trasero. Una madre que horneara galletas, una mamá que colaborara en el salón de clases y estuviera en la escuela todo el tiempo, llevando a cabo diferentes tareas para ayudar a los profesores. Le confeccionaría un horario y una rutina. Él tendría un pupitre en esa escuela con su nombre, Z E A L A N D, impreso en una tira de papel que luego sería plastificada y pegada sobre su escritorio.

Y, finalmente, como colofón —mi corazón late como loco— tendría una taquilla. Una en la que las chicas bonitas se detendrían entre clases para coquetear. Y, aunque su taquilla no estaría decorada como aquella con la que yo fantaseaba de chica, tendría un espejo de color azul marino pegado a la parte interna de la puerta y un frasco de loción de afeitado en una de las estanterías. Él guardaría en ella su equipación de fútbol para sus prácticas extraescolares y sus libros alineados de forma masculina. Y esas muchachas lindas (porque habría muchas) que se detuvieran junto a ella quedarían sumamente impresionadas por su dinámica académica y su empuje atlético, por su limpieza personal, su madurez evidente y su tremenda galanura. Por supuesto, estos no eran mis únicos sueños para Zealand. Había otros de mayor peso e importancia. Sin embargo, cuando a ti te ha faltado algo en tu propia infancia, lo deseas con desesperación para tu único hijo, ya sea algo tonto o importante, una taquilla o un legado.

Los que me parecían ser sueños normales para Zealand también se me antojaban exóticos, o al menos un nivel por encima de lo que yo había tenido. Estaba convencida de que seríamos una familia supernormal, una imagen del ideal suburbano. Sí, mi grado de idealización de aquel anhelo me consumía. Por no mencionar que lo que catalogaba de supernormal en realidad no era la norma para muchas personas, sino tan solo mi proyección desde la ventana al mundo del asiento trasero de mi Honda. No obstante, era el objetivo por el cual yo suspiraba.

De modo que me lancé a ello de cabeza. Tuvimos a nuestro hijo Søren exactamente catorce meses y medio después del nacimiento de Zealand. Nos mudamos de nuestro agradable apartamento urbano en el centro de Nashville a nuestra primera casa en las afueras, de esas que son como hechas en serie, con patio trasero desaliñado y valla incluidos. Conforme los niños fueron avanzando en el jardín de infantes y la escuela primaria aparecía en el horizonte, nos trasladamos a una casa mucho más grande que pudimos reformar y personalizar, en el distrito de la escuela que todos ponían por las nubes. Zealand empezó el preescolar y Søren lo siguió dos años después. Establecimos una rutina escolar sólida, y yo empecé mi carrera de mamá auxiliar en el salón de clases, plastificando, haciendo recados y fotocopias para los maestros semanalmente, y dedicando muchas horas a mis hijos y su experiencia escolar.

Lo estábamos haciendo realidad. Todas las perspectivas eran correctas. Para alguien que se molestara en tomar una instantánea de nuestra vida diaria familiar, sería como si yo estuviera logrando, en un fotograma o dos, lo que había soñado tantos años antes en el asiento trasero del Honda. Teníamos una vida normal.

No obstante, una foto es distinta a la película. Y el filme entre bambalinas de nuestras vidas era un documental, no una comedia romántica, y se desarrollaba de manera muy diferente a los tráileres promocionales.

De bebé, Zealand era feliz, dulce, sonriente y *muy* fácil de cuidar. Con la llegada de un hermano menor pisándole los talones, yo tenía un medidor incorporado para evaluar las etapas y las fases del desarrollo. Mientras ambos chicos crecían y alcanzaban la edad de la guardería y luego fueron a preescolar, parecía que Søren adelantaba a Zealand en algunos aspectos. Se lo achaqué a simples diferencias entre los dos. Además, el segundo contaba con la ventaja de tener a un hermano mayor al que observar y copiar, ¿no es así? Y el mayor tenía talentos en otros campos, los cuales no eran tan evidentes como la personalidad más precoz y socialmente más hábil de Søren. Eso también contaba, ¿verdad?

Me tranquilicé durante largo tiempo, asegurándome de que estos eran los factores implicados: sus nacimientos tan cercanos y la naturaleza extrovertida y social de Søren en contraste con la de Zealand, que era más concienzudo y serio. Además, en mi intento de ser una mamá supernormal, regularmente llevaba a los niños a sus revisiones con el pediatra que había elegido con sumo cuidado y del que me había informado bien previamente. Él era el experto y no había comentado nada sobre Zealand, de modo que sin duda no había nada anormal, ¿verdad?

¿No es así?

Sin embargo, en un giro de los acontecimientos que podría haber sido digno de la ironía de un filme, aquella escuela pública estadounidense normal y suburbana, aquello que yo había ambicionado con tanta valentía en busca de una infancia normal para Zealand, sería lo que demostraría que él no era normal y que nosotros como familia tampoco éramos normales, reescribiendo el guion de todo lo que había estado buscando y la orientación de lo que había soñado.

* * *

Nos gusta hablar de sueños, ¿no es cierto? Sabemos que algunos de ellos no son más que una indulgencia fantasiosa. Es probable que, en un momento dado, todos tengamos que aceptar el hecho de que Zac Efron no va a aparecer con una docena de rosas ni nos cantará una serenata ante un estadio repleto de personas. (Y si lo hiciera, no dejes de enviarme de inmediato un correo electrónico, porque NECESITO

SABERLO). Sin embargo, en general, como cultura, y en particular en nuestras comunidades de fe, con frecuencia confundimos lo que denominamos sueños con la visión, las metas y el llamado de Dios.

Un rápido repaso a unos cuantos memes en las redes sociales y siempre encontrarás los dichos convincentes y cursis sobre ti y tus sueños, sobre cómo todo es posible y de qué manera hacer que suceda. No obstante, un meme breve y soñador no es una realidad.

Siempre he sido una gran soñadora. Las historias, las canciones y los escenarios no dejan de flotar en mi corazón y mi mente. Lo mismo ocurre contigo.

Pero ser una gran soñadora puede en ocasiones producir una aplastante decepción. Y no es por no haberlo intentado. Es por no haber orado. No es porque no le hayas dedicado el tiempo necesario, no hayas madrugado, por no tener los contactos adecuados ni aprovechar cada oportunidad. Es... porque la vida es así. Las cosas son así. Y también, en mi opinión, a menudo ni siquiera comprendemos realmente nuestros propios sueños.

¿Cuál es la buena noticia? Estamos en buena compañía.

. . .

Él era casi el último hijo de una gran familia. No el mayor con todos los derechos y responsabilidades que esto acarrea. No era el bebé de una familia llena de privilegios. Era el penúltimo en la dinámica de una bulliciosa y complicada familia, y esto podría haberlo convertido en un papel de empapelar anodino en la galería familiar, un relegado o no.

Sin embargo, él era un soñador. Un gran soñador. Y proclamaría lo que había visto con los ojos de su corazón durante las horas de la noche ante cualquiera que lo escuchara en el desayuno a la mañana siguiente, ante boles de lo que fuera la antigua versión hebrea de los Cheerios.

Sus ensoñaciones comprendían la imaginería de manojos de trigo que se inclinaban ante el suyo, lo que parecía indicar que sus hermanos se inclinaban ante él, aquellos hermanos mayores que siempre se burlaban de él, lo acosaban y lo consideraban menos. Les contó un sueño en el que el sol, la luna y once estrellas se postraban ante él. La repetición de la historia acabó por sacar de sus casillas a su padre, Jacob. El joven tal vez pretendía tan solo compartir las gráficas y misteriosas visiones que Dios ponía en su corazón durante la noche, pero su ingenuidad con respecto a cómo recibirían estos sueños sus hermanos mayores y sus padres tendría consecuencias de largo alcance.

Y la realización de sus sueños se produciría en un lugar muy distinto, bajo circunstancias muy diferentes a las que hubiera podido imaginar jamás.

Se llamaba José, y todos sus hermanos, aquellos a quienes les contaba sus sueños de triunfador —los sueños en los que Dios reveló que José ostentaría una posición de autoridad— no quedaron muy impresionados con las repeticiones de sus visiones de grandeza y poder de la noche anterior mientras se hallaban en torno a la mesa del desayuno. Para colmo de males, ellos veían claramente que su padre Jacob amaba a José más que al resto de sus hijos, que pasaba tiempo con él y le hacía regalos caros, como una túnica multicolor. De modo que en sus mentes, no era de extrañar que José estuviera presumiendo de ser el más especial en sus sueños. En lo que a ellos concernía, ya estaba viviendo como si así fuera.

Con el tiempo, los sueños de José acabaron fastidiando también a su padre. Él volvió a contar un relato más de sus sueños sobre el dominio del linaje familiar, y papá Jacob lo mandó a freír espárragos. Le dijo que tuviera cuidado de no buscarse una desgracia (esta es la interpretación que Jaci hace del original hebreo. De nada). Y las cosas estaban a punto de ir peor aún.

A los hermanos se les ocurrió un plan impulsivo para sacar a José de la ciudad. Lo vendieron a unos mercaderes de esclavos y prepararon la escena de un crimen digna de *CSI*, con la explicación de que los animales salvajes debían haber atacado a José mientras se ocupaba de los rebaños de la familia en el campo. Su padre Jacob se tragó el anzuelo, mientras José era arrastrado muy lejos, a Egipto. Y la realidad de los primeros años de José en aquella tierra no se parecía en absoluto a las visiones nocturnas que deambulaban por su mente cuando estaba en su casa. Servidumbre. Una acusación falsa. El encarcelamiento injusto.

Dios había interrumpido el sueño de forma violenta e inexplicable.

Sin embargo, fue mientras pagaba por un delito que no había cometido que José aprendió un nuevo componente de este asunto de los sueños. Constituyó una importante lección durante ese período de interrupción, una que él llevó adelante.

Los sueños requieren interpretación. A veces, esa interpretación es algo que queremos escuchar. En otras ocasiones no es así.

José conoció a un par de sujetos mientras cumplía su pena. Ambos tuvieron sueños y José pudo interpretarlos para ellos. En lo que respecta al primero, la interpretación fue exactamente lo que esperaba: la carta de liberación de la cárcel. En lo que respecta al segundo fue lo contrario: se le aplicaría la pena máxima por su delito.

En cuanto a José, el período de interrupción, incluso después de estas interpretaciones, duró varios años más hasta que Faraón mismo tuvo un sueño que necesitaba ser interpretado. Y por fin alguien se acordó de José y toda la historia de la interpretación de sueños y lo llevaron al palacio de Faraón para que descifrara lo que el dictador había soñado. José le explicó al Faraón con sumo cuidado que no era él quien interpretaba, sino que Dios le proporcionaba la interpretación. Tras escuchar el relato de Faraón, por el poder divino, José le explicó lo que significaban sus historias nocturnas.

Aquella interpretación reveló una noticia que Faraón no quería escuchar. No obstante, también le proporcionó una salida. Evidenció la advertencia y la provisión de Dios. Y en última instancia, todo se cumplió.

Me pregunto qué pensaría José durante ese tiempo. ¿Los sueños que sus compañeros de prisión le consultaron? Se cumplieron con rapidez, en pocos días. ¿Y los sueños que Faraón le pidió que interpretara? Estos venían con fecha y detalles, y todo aconteció. Todo esto sucedió años después de los sueños del adolescente José, pero los sueños de los otros se cumplieron mucho antes de que los suyos propios se materializaran. De haber estado yo en el lugar de José, habría pensado: *¿Qué sucede, Dios? Puedo escuchar los sueños de otros, dilucidar el trasfondo y lo que sucederá a continuación, pero no comprendo en lo más mínimo mis propios sueños ni, mientras pasa el tiempo, sé si algo de ellos es posible en estos momentos.*

Sin embargo, tras la interrupción de los sueños de José por parte de Dios, la interpretación apareció.

La hambruna llegó a la tierra natal de José, la cual se encontraba a muchos kilómetros y montañas de allí. Sus hermanos se abrieron camino a trompicones hasta Egipto, donde se rumoreaba que algún gerente de proyectos muy inteligente de Faraón había almacenado trigo y provisiones para una situación así. Los hermanos llegaron, se inclinaron, y suplicaron para conseguir recursos, sin saber que el sujeto al que le rogaban era el hermano al que habían maltratado hacía tantos años. José acabó proveyendo para la familia, reveló quién era, se reunió con su padre y trajo a todo el equipo a su región.

Habían pasado años para que todo se cumpliera.

Bueno. Volviendo a esos sueños adolescentes suyos. ¿Se inclinaron por fin sus hermanos ante él? Sí ¿Ocurrió esto enseguida? No. ¿Había entendido alguno de ellos en realidad el enfoque, la finalidad de esos sueños?

En absoluto. No se trataba de que se inclinaran ni de un juego de poder.

Tenía que ver con la provisión de Dios.

No se trataba de que José gobernara sobre ellos ni de sentimientos heridos, ni del ultraje que sufrió por contar aquellos sueños.

Las cosas sucedieron así para que Dios los alimentara durante la hambruna.

Ah.

José había sido el instrumento para interpretar los sueños de otros. Y entonces Dios manifestó el significado de los sueños que él había tenido.

Esto supuso una interrupción mucho más larga y confusa de la que José hubiera imaginado.

Culminó en una interpretación que nadie podría haber esperado. Y la finalidad de Dios al darle un propósito nuevo a aquel sueño se cumplió.

• • •

Nic y yo nos encontrábamos sentados en una sala de conferencias escolar que olía a rancio, con el trasero presionado en sillas de plástico y los codos apoyados en la terminación de madera falsa de la mesa, sobre la cual había una caja de pañuelos de papel, mientras varios profesionales de la educación ocupaban sus asientos frente a nosotros. Nos habían convocado para una reunión sobre Zealand, y mi pulso era como el de una liebre perseguida por un coyote.

Había llegado la hora de la reunión a la que tanto le temía.

Había buscado respuestas para los pequeños contratiempos en el desarrollo de Zealand, esos momentos en los que parecía perder el ritmo, como una pista de audio que no encaja con la acción de la película. Me había reunido con el pediatra. Había mantenido conversaciones con su profesora de la guardería, y al año siguiente con el personal de primer grado. Habíamos realizado cierta terapia para lo que se había definido como «un retraso generalizado en el desarrollo». Existía una palabra que me asustaba; no se pronunciaba, pero me obsesionaba. La había visto por el rabillo del ojo de mi corazón, pero parpadeé rápidamente, con el deseo de que permaneciera fuera de mi enfoque.

Esta reunión no era la primera a la que asistíamos. Habíamos aunado fuerzas durante sus años de preescolar y primer grado, todos con la intención de ayudar a Zealand con los retrasos en su desarrollo. No obstante, ahora se trataba del salto al segundo grado y la escuela estaba a punto de aumentar su dificultad. Sus notas adquirirían mayor importancia. De modo que la escuela quiso entrevistarse de nuevo con nosotros.

Aunque me habían dicho que tenía una personalidad gigante, no soy la persona más alta. Allí, aprisionada en aquella incómoda silla de plástico, con los pies apenas rozando el suelo, me sentí como una niña pequeña arrastrada a la oficina del director, a punto de escuchar una dura reprimenda por lo que había hecho mal, con una lista agregada de acusaciones y deberes adicionales a punto de serme asignados.

Nic estaba junto a mí, en silencio.

En las entrevistas anteriores habían aparecido algunos términos clínicos rimbombantes sobre Zealand y sus retos. Muchos de ellos sobrepasaban mi entendimiento, y yo asentía y sonreía, queriendo no parecer tonta delante de los profesionales. Básicamente, había salido de las reuniones anteriores sintiéndome aliviada de tener un plan en marcha para volver a encauzar a Zealand, para ajustar un poco su escolaridad a fin de que alcanzara a los demás niños.

Sin embargo, esta vez no fue así. En esta ocasión, el fantasma de una palabra, ese espectro que había podido mantener alejado, apareció. Permaneció allí sentado en mitad de la mesa, junto a la caja de Kleenex. Se echó hacia atrás apoyándose sobre un codo. Casualmente. Como si hubiera estado ahí todo el tiempo.

Autismo.

Uno de los profesores soltó, como quien no quiere la cosa, un comentario acerca de que el diagnóstico oficial de Zealand era el autismo, de que él estaba en el espectro.

Y sin más, cuando el aterrador fantasma se transformó en algo espantosamente real, mi sueño se desmoronó y se evaporó. En la presencia de aquella única palabra, *autismo,* todo lo que yo había soñado para mí, para mi hijo, aquel sueño de lo supernormal, desapareció.

Abandoné aquella reunión sollozando como una loca. Grité. Lloré. Aunque esa palabra, *autismo,* parecía responder a algunas de las preguntas de los maestros, para mí solo abrió un abismo de interrogantes y caos. ¿Qué significaba todo aquello? ¿Qué supondría para su futuro? ¿Qué decía sobre mí como madre? Nic permaneció a mi lado, silencioso y reservado. Durante días experimenté toda una gama salvaje de emociones. Sentía que había perdido todo atisbo de normalidad. Percibí cómo surgía en mí una madre guerrera, brutalmente protectora de Zealand. Escudriñé las páginas web con los ojos embotados de lágrimas. Nic me apoyaba y escuchaba mis llantos, mis preguntas, mis rabietas y mis gimoteos. No fue hasta varios días después, al oírlo llorar a él en la ducha en silencio, que fui consciente de la profundidad de las esperanzas perdidas y del complejo dolor que él estaba sufriendo también.

Desde aquella difícil reunión hemos recorrido un gran trecho. Hemos aprendido un montón y descubierto que en nuestras vidas nos cruzamos con personas asombrosas que nos entienden a nosotros y a nuestro hijo. Zealand está prosperando y creciendo, nos hace reír y nos mantiene fascinados por su enfoque único de la vida. Hemos hallado paz entre las piezas de su diagnóstico, y hemos encontrado algunas respuestas entre las muchas preguntas.

Sin embargo, ¿qué hay de mi sueño, *del* sueño? ¿Se había perdido por completo?

Es lo que estoy dilucidando. Y sigue siendo una obra en progreso. Mis sueños en el asiento trasero del Honda eran una mezcla. Una combinación de la dirección de Dios y mis invenciones. ¿Aquella semilla de un sueño para Zealand, aquel profundo deseo que yo tenía de darle una vida hogareña más predecible y la experiencia estable de la escuela? Esto es exactamente lo que es bueno para él. Al estar en el espectro, progresa mejor en esa clase de entorno. Y también es bueno para él que viajemos por nuestra carrera musical. Ha aprendido a ser flexible en esos momentos que pasamos en la carretera, y prospera en la rutina de estar en casa. Dios ha creado la mezcla perfecta para Zealand a partir del irresistible impulso que tuve de proveerle estabilidad y un escenario escolar que yo no tuve, combinado con la necesidad de ser flexible durante el tiempo en que tenemos que viajar por la música. Y ahora creo que aquel impulso que tuve de proporcionarle esto, esa parte del sueño con la que he cargado durante tanto tiempo, procedía totalmente de Dios.

Pero ¿y el resto? ¿El juego de la popularidad, la fantasía del baile de graduación, el pertenecer a un grupo y la banda sonora integrada? Sí. Todo aquel rollo era mío. Eran todas las cosas que creí estarme perdiendo. Yo.

Y yo no soy Zealand.

Por tanto, estoy dejando que Dios les dé un nuevo propósito a esas partes del sueño. Le estoy permitiendo mostrarme cómo él me iba dirigiendo por medio de ciertos elementos para crear aquello que ha sido tan bueno para Zealand. ¡La rutina, el deseo de estabilidad, la continuidad y la previsibilidad de una vida anclada en torno a la escolaridad tradicional le hacen tanto, pero tanto bien! Ahora es cuando estoy recibiendo la interpretación. Y Dios me está mostrando cómo librarme de todo aquello que está tan confuso en mi ecuación. Estoy aprendiendo a tener nuevos sueños. Unos que tienen que ver con la vida actual que él me ha dado, las personas reales que me ha concedido. Estoy aprendiendo a prestarles oído a los sueños que de verdad conlleven una visión y una promesa suya.

Este versículo me ha ayudado durante este tiempo: «"El profeta que tenga un sueño, que lo cuente; pero el que reciba mi palabra, que la proclame con fidelidad. ¿Qué tiene que ver la paja con el grano?", afirma el Señor» (Jeremías 23.28). ¿Sabes? Es hermoso que tú y yo tengamos sueños y creamos en lo sobrenatural o lo supernormal, dependiendo de tus sensaciones. No obstante, ¿y toda esa disposición a permitir que Dios interrumpa nuestros cronogramas y toda esa cosa de la aceptación de su interpretación? Como soñadoras debemos permitir que su Palabra sea aquello que hable con mayor fidelidad y no nuestra expectativa o nuestra interpretación.

¿Me inquieto y me preocupo por Zealand y por cómo interactuarán las personas con él? Desde luego que sí. ¿Nos queda mucho camino que recorrer en el viaje de educar a un hijo de capacidad distinta, con todas las dudas y las incógnitas? Sí. ¿Paso mucho tiempo preguntándome si encontrará el amor, a una chica que valore y acepte su naturaleza única? Por supuesto.

Sin embargo, ya no suspiro por las partes de aquellos sueños que no fueron enviados por Dios. Y estoy viendo cómo la interpretación divina de los sueños que tuve de niña está mucho más relacionada con cuidar de mi hijo, en lugar de llenarme de pesares o pensar en lo que creía estarme perdiendo en mi infancia.

¿Qué sueños te están impidiendo vivir tu vida ahora? Porque actuar así es, en realidad, una pesadilla. El profeta Isaías escribió sobre cómo uno se siente en este caso: «Como el hambriento que sueña que está comiendo, pero despierta y aún tiene hambre; como el sediento que sueña que está bebiendo, pero despierta y la sed le reseca la garganta» (ISAÍAS 29.8). Estar tan afectada por algo que no es tu vida —el regalo verdadero y único de tu vida—, estar atrapada para siempre en un ciclo comparativo de tu presente contra tu fantasía, es un tormento. Podrías estar de pie en tu insulsa cocina, soñando que estás sobre un escenario. Para mí fue justo al revés. Yo estaba de pie sobre un escenario soñando con estar en una insulsa cocina.

Está bien. Quizás no era del todo insulsa. Suelos de madera, encimeras de mármol blanco, abierta toda ella al salón. Pero aun así.

Y, hermana, puedo indicarte que cualquier «sueño» que tengamos y nos haga ser ingratas ante nuestro Dios, cualquier «sueño» al que se le permita derivar en decepción con nuestro presente y en insatisfacción con nuestro ahora, constituye el tipo de «sueño» con respecto al cual debemos realizar una autocomprobación. Tengo que distinguir la diferencia entre un sueño dado por Dios y mi propio programa. Aunque no siempre resulta fácil detectarla. Algunos de mis programas parecen realmente buenos. No obstante, estoy aprendiendo que cuando permito que lo que considero sueños no cumplidos me impulsen hacia conductas desagradecidas e inútiles, entonces puedo darme cuenta de que estoy intentando hacer yo sola toda la interpretación, y estoy rechazando la interrupción y la interpretación de Dios.

Tal vez seas como yo: cuando las cosas no funcionan como había previsto, me atiborro de comida que no es buena para mí, cargo a mi tarjeta ese nuevo par de zapatos que no necesito, embisto a mi marido o las personas más allegadas con emociones que pueden herirlos y escocerles. Y entonces es cuando puedo tener por seguro que me estoy alejando de un sueño de Dios y estoy permitiendo que una gran parte de Jaci se adueñe del volante.

Escúchame bien. No te estoy diciendo que no abarques más. Tampoco te indico que no te arriesgues en la dirección de tu fe. ¡Estoy del todo a favor de esto! Lo que te estoy indicando es que puede haber mucho de Dios en tu sueño... y que tal vez también se haya colado mucho de ti en él. No es que la mezcla sea mala: creo que Dios puede dirigirnos a menudo por medio de aquello que nos parece fascinante y nos apetece, que eleva nuestro propósito y nuestra misión en la tierra. No me refiero a que no deba haber sabor alguno de ti en aquello que persigues. Lo que afirmo es que Dios te interrumpirá con frecuencia e interpretará tu sueño de un modo inimaginable.

No me gusta que me interrumpan. Hablo muy rápido, tengo mucho que decir y necesito comunicarlo todo. Y me desagrada cuando las cosas salen de un modo distinto a como lo planeé. Sin embargo, Dios nos va a interrumpir de vez en cuando. Y les dará un giro a nuestras historias de ensueño que no vimos venir.

Ahora bien, tal vez experimentes ese momento. Y que lo hagas hasta en el más mínimo detalle que esperaste. Tal vez las luces sean exactamente como las imaginaste. O lograste justo aquello que pensaste lograr. O estarán presentes las personas que tú querías que estuvieran allí. El resultado será todo lo que deseaste. Asombroso. Celébralo. Dale gracias a Dios por ello. Sin embargo, eso no significa

Dios nos va a *interrumpir* de vez en cuando. Y les dará un giro a nuestras historias de ensueño que no vimos venir.

que otro sueño en tu vida, uno que no esté teniendo el resultado que preferías o planeaste, quede invalidado. Podría ser que la mezcla lleve una dosis demasiado grande de tu programa, eso es todo.

Acepta la interrupción.

Escucha su interpretación.

Y a partir de ahí, empieza a tener nuevos sueños y permite que Dios le dé un nuevo propósito al cumplimiento de este y lo torne en entusiasmo por el siguiente.

DALE LA VUELTA AL GUION

- ¿Has escrito alguna vez ese sueño que ha albergado tu corazón? Tómate un minuto para capturarlo. No es una lista de metas a conseguir. No es una lista de pesares por lo que no ha sucedido y que esperabas. Solo se trata de esa especie de instantánea de un momento, de lo que sería la realización de dicho sueño.

- Ahora, da un paso atrás y considera la instantánea que has capturado. Pídele a Dios que te muestre lo que hay de verdad en su esencia. ¿Te aportaría el cumplimiento de ese sueño una sensación de éxito? ¿De mérito? ¿De pertenencia? ¿De adoración? ¿De completitud? ¿De sanidad? ¿Vas tras una necesidad emocional en forma de sueño? En mi caso, yo iba en pos del profundo deseo de lo que me parecía ser estabilidad y el cumplimiento de lo que pensaba haberme perdido... y sigo tropezando con la incertidumbre del diagnóstico de Zealand y la inquietud de que, incluso en un entorno escolar tradicional, él podría perderse lo «normal». ¿Qué es, pues, lo que persigues? Y si el sueño sale de otra forma, ¿podrías estar de acuerdo con eso?

Un versículo de Judas me convence realmente. Algunos piensan que era hermano de Jesús y otros alegan que era primo suyo. Quienquiera que fuese en su árbol familiar, sé que sus palabras hacen que me detenga de verdad y examine mi propio corazón en lo tocante a las cosas que persigo y proclamo como «lo mejor de mi vida». Judas les advierte a aquellos que están permitiendo que su propia comprensión de sus sueños los aparte de vivir una vida de agradecimiento, sanidad y sometimiento a Dios. Él escribió: «De la misma manera estos individuos, llevados por sus delirios, contaminan su cuerpo, desprecian la autoridad y maldicen a los seres celestiales» (Judas 8). ¿Te está conduciendo la persecución de tu sueño a cosas que no son saludables para ti? Entonces, podrías tener el valor suficiente para formular esta pregunta: *¿Este es un sueño de Dios o mío?*

Tres

Søren sonríe

«Mami», me dijo, «cuando sea mayor tendré una casa con ocho dormitorios. Y tendrá seis camas para mis doce hijos. Y habrá un dormitorio para mí y Zealand. Y una cama para mi esposa y otra para la suya. Y todos viviremos juntos».

Eso es lo que me comentó mi bebé, mi Søren.

Él es tan solo catorce meses y medio más joven que su hermano mayor. Y déjame contarte sobre tener dos bebés en poco más de un año. Esto tiene su efecto en el cuerpo de una chica. Recuerdo haber intentado recorrer el pasillo de un avión a fin de cumplir con un compromiso para cantar cuando estaba a pocas semanas de alumbrar a Søren. Aunque la fecha quedaba aún tan lejana que mi médico no vio motivo alguno para desaconsejarme el viaje y no había razón para que no volara, mi... hmm... ejem silueta era un poco más espectacular que la de cualquier chica en esta fase del embarazo. Para alguien a quien siempre habían considerado menuda, era un choque con la realidad. Mi vientre y mis caderas se iban golpeando contra los asientos de la aeronave mientras yo intentaba maniobrar por el pasillo. La gente me miraba con fascinación y horror, y estoy segura de que ya se imaginaban presenciando un nacimiento en directo en el aire una vez acabado el servicio de café y bebidas. El peso de mi cuerpo casi se había duplicado durante el embarazo de Søren. Por el tamaño de mi barriga sabía que sería un bebé considerable.

Lo que desconocía era el corazón tan grande que tendría. Su amor por su hermano mayor.

Soy la más pequeña de mi complicada familia. Tengo dos hermanos mayores del primer matrimonio de mi madre. Tengo un hermano y un par de hermanas del primer matrimonio de mi padre. Soy la única hija nacida del matrimonio de mis padres entre sí, de modo que ocupo un peldaño interesante en la escala del orden de nacimiento, la más pequeña *y* única, pero no, al estilo de una familia moderna. Mi esposo, Nic, también es el hijo menor de su familia, y dado que es siete años más pequeño que su hermano mayor, también entra un poco en esa dinámica de «hijo único». De niños, su hermano parecía vivir en un mundo que Nic no compartía en realidad por la diferencia de edad.

Conozco a algunos que creen en todo ese rollo del orden de nacimiento, convencidos de que ha formado poderosamente su personalidad y sus motivos. Otros creen que no les ha afectado demasiado. En mi caso, me encantaba ser la hermana menor, la niña pequeña. Me hacía sentir especial en la mecánica de una familia desconcertante. Me proporcionaba la sensación de tener un lugar en una enorme familia extendida. (Mi padre es el hijo del medio de una familia de diez vástagos, y mi madre es la hija del medio de siete hermanos). Había cosas en ese papel que yo consideraba como parte de mí misma.

Cuando Søren llegó, era el bebé de la familia, el reflejo más joven de su hermano mayor. Me imaginaba un día en el que Zealand le enseñara las cosas de chicos, cuando lo tomara bajo su ala y le enseñara los tejemanejes para hacer los deberes de matemáticas, llamar a una chica linda de la escuela, o afeitarse mejor. La función del hermano mayor con el hermano menor. Sin embargo, esos papeles fueron haciéndose más complicados a medida que los niños crecían.

Søren empezó a hablar primero, juntando palabras y frases más difíciles. Interactuaba más. Desde una edad más temprana era tranquilo y sociable, y comprometía a las personas con la facilidad de un político nato. Sus habilidades sociales contrastaban con el acercamiento más reservado de Zealand a las personas y las situaciones nuevas.

Al ser de edades tan próximas, las personas pensaban que eran mellizos, y resultaba comprensible. Siempre los comparaban en tamaño, altura y capacidades verbales. Durante un largo período, cuando ambos eran aún pequeños, en la etapa de los dos a tres años, sencillamente pensábamos que Søren estaba más adelantado por el beneficio de tener un hermano mayor. Y gran parte de esto era verdad. Siempre estaba observando lo que Zealand hacía. No obstante, era él quien lograba todos los hitos del desarrollo, en contraste con su hermano que solo alcanzaba las calificaciones «típicas».

Tal vez fuera por lo mucho que Nic y yo nos deleitábamos en nuestro papel de hijos menores de nuestras familias de origen. Quizás se debiera a que ambos hemos descrito quienes somos con un «Bueno, soy el bebé de la familia», como si eso explicara ciertos aspectos de nuestras personalidades y nuestros enfoques de la vida. O puede ser que fuera porque Søren es de verdad el bebé de nuestra unidad familiar, la segunda parte del álbum parental, después de estrenarnos con Zealand.

Así que queríamos que Søren fuera capaz de adueñarse de su función completamente como hijo pequeño. No obstante, Dios tenía un papel distinto para él.

•   •   •

La idea parecía una locura. Yo había forjado mi carrera a través de la radio, grabando música y luego permitiendo que las estaciones de radio pusieran mis canciones. No *hablaba* en la radio sobre la música de otros. ¿Y ahora esas personas me proponían que fuera una *disk jockey* radiofónica?

Tenía bien claro mi papel de cantante. Comprendía en qué parte de esa ecuación encajaba, lo que se exigía, quién era yo en mi función musical. Sin embargo, cuando le añadí a esto mi rol de mamá, surgieron nuevas responsabilidades y deseos. Se había acabado la posibilidad de quedarme hasta bien tarde en la noche escribiendo, grabando, y en general viviendo el estilo de vida creativo de una lechuza nocturna. Recuerda que yo tenía la profunda necesidad de proporcionarles estabilidad y rutinas diarias a mis hijos. De manera que estar constantemente en la carretera y buscando letras hasta altas horas de la madrugada era algo que tendría que cambiar.

A lo largo de los años había estado haciendo unas cuantas visitas a la emisora de nuestra música cristiana en Nashville. Resultaba divertido interactuar con las personalidades del programa matutino, y mis entrevistas con las emisoras de todo el país me habían proporcionado una idea de cómo conversar mientras estábamos al aire, cómo mantener mis pensamientos dentro de los segmentos de tiempo. Y me encantaba estar al tanto de las tendencias y las conversaciones actuales, algo que también solía funcionar cuando yo era la invitada del programa.

No obstante, todavía me seguía sorprendiendo que el director general de la emisora acudiera a mí con una idea que yo no había considerado jamás. Durante una serie de cambios, me preguntó si me interesaría formar parte de un nuevo equipo matinal de la cadena. Se llamaría *The Family Friendly Morning Show* [El programa matutino cordial de la familia] y se retransmitiría en un centenar de emisoras de todo el país. Yo participaría como presentadora invitada durante unos cuantos meses, pero la idea de realizar un trabajo así a tiempo completo representaba un territorio nuevo. Era una función que yo no había buscado y para la que no me había preparado, pero una para la cual Dios había estado preparándome.

Los chicos seguían entre las etapas de bebé y los tres años de edad, y yo quería estar en casa con ellos todo lo que pudiera como su cuidadora principal, del modo más sistemático posible, a la vez que permanecía en el ámbito de la música y el ministerio.

Tal vez estés pensando: *¿Cómo encaja ser una personalidad de la radio que presenta un programa matinal de éxito con el objetivo de establecer una vida hogareña predecible?* Buena pregunta. El asunto es el siguiente: si te levantas a las cuatro de la mañana, cinco días a la semana, tendrás que alinear muchas cosas en tu vida. Al menos si quieres ser capaz de formar frases completas mientras estás en el aire. Y no olvides que este formato radiofónico es en vivo, de modo que no hay posibilidad de volver atrás y corregir cualquier jerga embrollada que sueltes por haberte acostado tarde. Todo ocurre en tiempo real.

Después de orar sobre esto decidí asumir este nuevo rol, y esto conllevaba hacer unos cuantos cambios. Significaba que tendríamos que establecer una firme rutina y ceñirnos a ella para asegurarnos de que yo disfrutara de un buen sueño antes de ponerme detrás del micrófono muy temprano cada mañana. También significaba que podíamos apoyarnos en una planificación económica más estable, ya que este empleo era un trabajo fijo en lugar de experimentar los días de mucho y las vísperas de nada de la industria de la música. Por primera vez en mi vida me levantaba cada día, me desplazaba hasta la emisora en torno a las cuatro de la mañana, me preparaba para el programa, me sentaba tras el micrófono durante cuatro horas con mi copresentador, Doug Griffin, concluía unos pocos detalles y regresaba a casa, a la que llegaba justo después de que los niños hubieran acabado de desayunar. Rutina. Cinco días por semana.

The Family Friendly Morning Show sigue emitiéndose en un centenar de emisoras radiofónicas de todo el país, con un millón y medio de oyentes. Fue una actividad profesional que nunca había imaginado. Sin duda, hubo curvas de aprendizaje y horas de acostarse que no se cumplieron, y días en los que tardé un poco más en la emisora. No obstante, por lo general, este nuevo papel que estaba desempeñando suplió las necesidades de mi familia de un modo que yo no habría podido orquestar por mí misma.

Me enfrenté a algunas críticas de parte de aquellos que pensaban que me estaba limitando a vender mi música. Tampoco podía seguir aceptando todos los compromisos que me ofrecían para cantar. El nuevo trabajo incluso modificó la frecuencia con la que grababa. Estoy segura de que algunos interpretaron mi nueva función como la renuncia a la antigua, como la chica con éxitos en la radio que abandonaba para convertirse en alguien que hablaba de los discos de otros. Fue un tiempo de amoldarse, de liberarme de algunas formas de verme a mí misma mientras me adaptaba a una nueva persona, a la manera en que los demás me veían.

• • •

Hay roles para los que has nacido. Tienes tu lugar en tu familia de nacimiento. Desempeñas el papel que tus padres te asignan, cumples tu cometido en la dinámica de la familia: la hija obediente, la rebelde, la humorista de la familia, lo que sea que eso signifique para ti. Ejerces los roles que buscas para ti misma: la chica que trabaja, la mamá que se queda en casa, una voluntaria, una novia, una amante, una amiga. Llevas a cabo la función por la que eres conocida en tu comunidad: la muchacha que siempre es positiva o la que puede conseguir los mejores artículos en los remates silenciosos, o tal vez seas la triunfadora dispuesta a ofrecerse voluntaria para cualquier cosa.

Sin embargo, por mucho que haya pensado en algún rol como algo permanente, algo fijo que puedo definir y entender yo misma, la mayoría de los roles comprenden este pequeño rasgo: cambian.

Reciben un nuevo propósito. A veces aceptamos el cambio o la definición distinta. En otras ocasiones, no.

Quizás jamás te imagines en el papel de una madre soltera. Ni en el de una mamá que se queda en casa. O una que trabaja. (¿Podemos hablar de esto un momento? *Todas* las madres trabajan. ¿Alguien puede decir amén?). O soltera. O divorciada. O esposa de un adicto. Y cuando se produce ese cambio de funciones, ese lugar en el que no te viste nunca, ¿qué ocurre? ¿Cómo nos entendemos a nosotras mismas al comprobar que nuestros papeles no son lo que pensábamos? ¿Cómo lo ajustamos todo a los ángulos que, según creíamos, formaban nuestra medida?

Resulta fascinante leer en la Palabra de Dios sobre muchas personas que se encontraron desempeñando funciones que nunca habían imaginado realizar. Estoy casi segura de que Noé, que vivía en un lugar sin acceso al mar, en mitad de un continente, jamás pensó que sería un experto constructor naval. ¿Y qué me dices de Gedeón, alguien que se esforzaba por vivir como un pacificador y se vio encabezando una unidad militar preparada para atacar al enemigo más opresor de Israel? ¿Y qué hay de María? Hablando de una inversión de papeles: ella pasó de ser una buena chica virginal a convertirse en el tema de chismorreo de cualquier cafetería del país, con el asunto de su embarazo adolescente incluido y todo lo demás. Y ya que estamos con el tema de María, hablemos sobre su hijo, Jesús. Estaba con Dios, era Dios, trascendió el tiempo y después... ¡bum!... se convirtió en un bebé gritón, en un niño pequeño que debía aprender a ir al baño, en un niño de doce años que asistía a la sinagoga, en un hermano mayor, un soltero perpetuo, un antiguo carpintero polémico, un defensor del cambio social que fue vilipendiado. Y, finalmente, en un reo condenado a la pena capital.

¡Sí! Me arriesgo a pensar que Jesús es el ejemplo de toda esta historia de darle un nuevo propósito a algo. Pablo les recordó a los primeros cristianos de Filipos que la humildad es el componente más importante de cualquier rol que se nos encomiende. Les trajo a la mente que Jesús estuvo dispuesto a dejar a un lado las glorias que poseía en su identidad como Dios y permitió que su rol cambiara al de un esclavo. Por lo general, los filipenses eran ricos. Vivían en una región pequeña, pero importante. Y las personas a las que Pablo conoció allí permitieron que su fe en Jesús les diera un nuevo propósito a sus funciones en la comunidad. El apóstol escribió en su carta a esta iglesia:

> Tengan la misma manera de pensar que tuvo Jesucristo: Aunque Cristo siempre fue igual a Dios, no insistió en esa igualdad. Al contrario, renunció a esa igualdad, y se hizo igual a nosotros, haciéndose esclavo de todos. Como hombre, se humilló a sí mismo y obedeció a Dios hasta la muerte: ¡murió clavado en una cruz! (Filipenses 2.5-8, TLA)

Lidia era una mujer de negocios rica que vivía en Filipos. Había conseguido el éxito vendiendo tela de púrpura, la cual constituía la tendencia más importante de la moda de aquella época, como las marcas de los diseñadores actuales. Las personas que podían permitirse vestir ropas de púrpura se consideraban pudientes, y enriquecieron a Lidia mientras las demandas de su tela se hacían cada vez mayores. Ella conoció a Pablo y Silas, y fue atraída por el mensaje paulino acerca de Jesús. En última instancia, Lidia y toda su casa recibieron el bautismo. Su hogar se convirtió en un lugar de refugio para Pablo y Silas tras su milagrosa liberación de la cárcel, y en el sitio de reunión de la nueva iglesia en aquella zona. Muchos historiadores creen que ayudó económicamente al mantenimiento de gran parte de la obra misionera de Pablo y Silas como resultado de su fe en Jesús.

Me veo obligada a pensar que la disposición de Jesús a dejar que Dios moldeara su función fue lo que la inspiró. Afrontémoslo: al parecer, ella llevaba una buena vida en Filipos. Tenía un gran producto, un negocio floreciente, clientes satisfechos. Podría haber vivido de ello mucho tiempo, sin la molestia de albergar misioneros en su casa, sin el fastidio de que los cultos de la iglesia se celebraran en su hogar, sin el inconveniente de compartir su cuenta bancaria. Sin embargo, Dios tenía otras ideas. Y ahora, todos estos siglos después, leemos sobre ella, la magnate de las telas que permitió que a su papel se le asignara un nuevo propósito y se convirtió en una figura importante en la difusión del cristianismo. Y todo porque estuvo dispuesta a asumir un nuevo rol.

· · ·

Estaba aquello que se te daba bien y el papel en el que te sentías cómoda. El título que te gustaba tener delante de tu nombre y la expectativa que tenías de que esa función siguiera adelante, una definición de quién eres. Pero entonces, las cosas cambian.

En ocasiones se debe a que el cónyuge decide marcharse. O el jefe te indica la puerta. O tus padres ancianos te necesitan y dejas a un lado ese empleo que te encanta a fin de estar ahí para ellos.

O a veces has estado intentando reclamar un rol. Te has esforzado para ello. Has soñado a lo grande. Has hecho los contactos adecuados, te has presentado temprano, te has quedado hasta tarde. Sin embargo, las cosas no están saliendo bien. Y ahora te tienes que enfrentar a que quizás ese papel no era para ti. ¿Y ahora qué?

Nuestras funciones no son estáticas, aunque con frecuencia lo pensemos. De la casa de nuestros padres pasamos a nuestro primer apartamento. Del puesto de asistente escalas al de directora. Dejamos de estar solteras para ser la novia de alguien, la prometida de alguien, la esposa de alguien. De ser la tía favorita te conviertes en la mamá de tu hijo. Cuando estas funciones esperadas cambian de la forma prevista o gradualmente, en realidad no sentimos el aguijón de la transición.

Sin embargo, cuando nuestro papel se invierte, cuando se le da la vuelta al guion, cuando lo que se nos exige es algo que no vimos venir y nos sentimos totalmente fuera de lo que pensamos era la descripción de nuestro trabajo, esto nos puede parecer una injusticia.

Lo que me saca de quicio es querer que las cosas sean justas y predecibles en lo que respecta a todo este tema de estar dispuesta a aceptar el papel que Dios tiene para mí. En lo que concierne a lo que él tiene para mis chicos. No obstante, estoy aprendiendo. Estoy aprendiendo a sonreír con el rol de roles. Y parte de cómo Dios me está enseñando esto, de cómo me está mostrando el guion de mi vida que él ha vuelto a escribir, es a través de las sonrisas de Søren. Él sonríe ante el papel que desempeña, le sonríe a su hermano, a su vida real, a su vida actual, sin guardar una sonrisa para lo que pueda venir.

• • •

Íbamos a llevar solo a Søren a la próxima gira de primavera. El propósito era darle un respiro, prestarle una atención especial. Nos inquietaba que pudiera estar sintiendo la carga de su lealtad a Zealand. Nos preocupaba que no estuviera experimentando el hecho de ser el pequeño de la familia. De modo que organizamos todos los planes e ideamos una gran solución para que Zealand permaneciera en Nashville. Le contamos todo esto a Søren con un gesto de manos tipo «¡ta-rán!», al estilo del *jazz*.

Su respuesta no fue la que esperábamos. Su habitual sonrisa dio paso a un puchero. Y luego sus ojos se anegaron de lágrimas.

«¡No puedo vivir ni un solo día sin mi hermano!», gimió.

¿Eh?

Intentamos explicarle que sería un tiempo en el que podríamos centrarnos solo en él, que podrían ser unos días especiales para él, su papá y yo. Pero Søren no lo aceptaba. En absoluto.

De manera que acabamos llevándonos a ambos niños en un Chevy Sprinter atestado, lleno hasta los topes con nuestro grupo y el equipo, porque Søren no podía pasar un solo día sin su hermano. Sinceramente, es probable que Zealand hubiera estado igual de contento quedándose en casa con los consentidores abuelos paternos; incluso es posible que se hubiera sentido más feliz, ya que podría haber seguido con su rutina preferida. Sin embargo, Søren se habría sentido desdichado sin su hermano.

La voz de Søren es la que destaca. Habla en defensa e inclusión a favor de su hermano. Si Zealand lo acompaña para experimentar la vida en la carretera, Søren sonríe.

¿Estábamos siendo cuidadosos, sin querer que Søren se sintiera sobrecargado o demasiado responsable? Por supuesto que sí. Sin embargo, este es uno de los misterios y la belleza de llevar bien tu papel al que se le ha asignado un nuevo propósito: te hace más completa.

En los albores del dramático diagnóstico de autismo para Zealand, habría sido fácil perderlo de vista. Sí, Søren es protector y asombroso con su hermano mayor. Sin embargo, alguien me recordó hace poco que Zealand también invierte en su relación con su hermano pequeño. Y esto hace a Søren más completo.

Recientemente me encontraba revisando algunos vídeos antiguos de los niños en mi teléfono móvil. Sonreí al ver los archivos en los que soplaban las velas de una tarta de cumpleaños, y me quedé pasmada al ver cuánto habían crecido en los últimos meses. Seguí desplazando con el dedo aquellos vídeos que me provocaron todo tipo de sentimientos maternales, aquellos pequeños fragmentos de cuando eran niños pequeños.

Mamás, tomen vídeos. Guárdenlos. Súbanlos a un montón de sitios. Confíen en mí con respecto a esto.

Y allí estaba ese vídeo. Søren con diecinueve meses, con una sonrisa tan grande como la Navidad. Zealand, de dos años y medio, dando vueltas en torno a su hermano y saltando delante de él, fingiendo asustarlo. En este pequeño vislumbre del pasado, Søren suelta un risita y ríe a carcajadas con cada intento de Zealand. Y mientras ríe, repite una y otra vez con su voz chillona de niño pequeño: «¡Feliz! ¡Feliz!».

En realidad, a Søren no le interesa lo que implica el típico papel de ser el bebé de la familia. Él vive y es feliz en el rol hecho a la medida para el pequeño de *esta* familia en particular. Y en *esta* familia, eso lo convierte en el hermano pequeño del hermano mayor Zealand. Y Dios ha personalizado esa función estrictamente para él, y lo ha preparado para ella.

Søren ríe.

Søren se preocupa.

Søren defiende.

Søren protege.

Søren sueña.

Søren sonríe.

. . .

¿Qué es un papel o rol?

Me sumergí en profundidad en ese término, *papel,* queriendo entender de dónde procede. Resulta que es algo genial. Realmente sorprendente. Deriva de la palabra *rol*.[2] Este término define la manera en que solían llevar un pergamino o papel, una superficie sobre la que se escribía y se enrollaba. Así llevaban los documentos importantes, los guiones o las cédulas de identificación. Un rol era el guion de un actor, el documento que contenía sus diálogos. Es la misma palabra de base del término *rollo* (manuscrito), ese material escrito que se enrolla.

Uno de mis versículos favoritos de la Biblia es Salmos 139.16, que dice: «Tus ojos vieron mi cuerpo en gestación: todo estaba ya escrito en tu libro; todos mis días se estaban diseñando, aunque no existía uno solo de ellos». Asegúrate y comprueba la palabra *libro*. En el original hebreo significa «rollo».

Cualquiera que sea el rol (o papel) que Dios te ha asignado, él te proporciona el rollo (el manuscrito) que necesitas: las palabras, la sabiduría, la inspiración. Incluso si no te sientes preparada para el papel. Incluso cuando este no parezca encajar. Empecé a encontrar más y más versículos que me demostraban la relación entre *rol* y *rollo*. Este versículo seguía destacando ante mi vista: «Y he puesto mis palabras en tu boca y te he escondido a salvo dentro de mi mano. Yo extendí el cielo como un dosel y puse los cimientos de la tierra» (Isaías 51.16, NTV). En otras palabas (y valga la redundancia), Dios proveerá las palabras de nuestro guion.

En las Escrituras, Salomón no se sentía preparado para el papel que recibió. Técnicamente, no era él quien debería haber recibido el trono a la muerte de su padre, el rey David. No era el hijo primogénito a quien solía destinarse la corona. Ni siquiera era el segundo, el tercero ni el cuarto. Tenía muchos hermanos mayores en la línea sucesora para asumir el reinado. Sin embargo, se vio en el papel de rey. Le dijo a Dios:

> Ahora pues, Jehová Dios mío, tú me has puesto a mí tu siervo por rey en lugar de David mi padre; y yo soy joven, y no sé cómo entrar ni salir. Y tu siervo está en medio de tu pueblo al cual tú escogiste; un pueblo grande, que no se puede contar ni numerar por su multitud. Da, pues, a tu siervo corazón entendido para juzgar a tu pueblo, y para discernir entre lo bueno y lo malo; porque ¿quién podrá gobernar este tu pueblo tan grande? (1 Reyes 3.7-9, RVR1960)

En respuesta a la humilde petición de Salomón, Dios le otorgó el *rol* de dirigir, las palabras y el guion que lo llevaron a ser considerado el rey más sabio. Dios le dio un nuevo propósito a la posición de

Salomón, pasando de ser uno entre los diecinueve hijos del rey David a convertirse en el vástago que llevaría el legado de su padre como rey.

Jesús también le dio un nuevo propósito al rol de sus discípulos. Tomó a un grupo de hombres que nunca habían recibido una formación para el debate ni habían asistido a la universidad bíblica. Y les proporcionó funciones de liderazgo en la iglesia primitiva. A este grupo diverso de personas de distintas regiones de la Tierra Santa, que habían llevado vidas distintas, algunos como pescadores comerciales, uno como recaudador de impuestos, los hizo pioneros. Y porque habían seguido a Jesús, no tardaron en hallarse en todo tipo de situaciones que nunca habrían podido imaginar. Jesús los alentó y les recordó que él proporcionaría el rollo o manuscrito para el rol:

> Cualquiera que sea el rol (o papel) que Dios te ha asignado, *él te proporciona* el rollo (el manuscrito) que necesitas: las palabras, la sabiduría, la inspiración.

> Y aun ante gobernadores y reyes seréis llevados por causa de mí, para testimonio a ellos y a los gentiles. Mas cuando os entreguen, no os preocupéis por cómo o qué hablaréis; porque en aquella hora os será dado lo que habéis de hablar. Porque no sois vosotros los que habláis, sino el Espíritu de vuestro Padre que habla en vosotros. (Mateo 10.18-20, RVR1960)

• • •

Resulta divertido que yo tuviera un idealismo semejante con respecto a mi rol como la pequeña de la familia. Aunque la mayoría de las personas consideran que el más pequeño es quien recibe todos los mimos y toda la atención adicional, el plan de Dios hizo que me convirtiera en el sostén de la familia. Yo proveí económicamente para mi familia extendida durante un período de tiempo, ya que ellos pusieron su vida en pausa para ayudarme con mis horarios de grabación y viajes durante mi adolescencia. Convertirme en la cuidadora de quienes me habían cuidado a mí era una inversión de papeles. De modo que no debería ser una sorpresa que Dios no estuviera limitado de nuevo en mi vida al atribuirle a Søren un papel «típico».

Hace poco me presenté en la escuela de los niños, justo antes del comienzo del año escolar. Estaba ayudando a preparar algunas cosas. Me hallaba decidida a ser aquella supermamá en el salón de clases, con la capa volando al viento. Había llevado a los chicos conmigo y se encontraban en una mesa de la cafetería, dentro de mi campo visual, conversando tranquilamente entre sí mientras esperaban a que yo acabara. Una de las profesoras, la señora Green, cruzó por la cafetería y los vio allí. «Chicos, necesito ayudantes», dijo. «¿Me podrían ayudar a organizar algunos libros en mi salón de clases?». Su vista se encontró con la mía, movió su cabeza buscando mi aprobación y yo asentí. Lo niños saltaron, dispuestos a acabar con todo el tiempo que llevaban sentados. Siguieron a la señora Green, listos para mostrar sus aptitudes como voluntarios, como Hijos de la supermamá escolar.

Al cabo de un rato, la señora Green regresó a la cafetería con ellos una vez cumplida su misión. Volvieron a ocupar su sitio en la mesa mientras la profesora vino hacia mí, con una sonrisa pensativa en los labios.

—Jaci, tengo algo que decirte sobre los chicos —me comentó.

—¿Le han dado problemas? —pregunté.

—¡Oh, no! En absoluto —respondió—. Deja que te cuente lo sucedido. Les pedí que colocaran libros sobre algunas mesas al fondo de mi clase, que los colocaran bien, de forma que pudiéramos estar seguros de que mis alumnos los vieran el primer día de clase. Empecé a poner algunos montones de libros sobre mi escritorio, y Zealand se puso de inmediato manos a la obra, dispersándolos por las mesas. Pero entonces Søren lo siguió y reorganizó los libros. Los dispuso tal como yo había descrito, de manera artística, de tal forma que los libros de desplegables estuvieran abiertos para mostrar el arte que contenían, y que otros permanecieran de pie y derechos a lo largo del camino. Cuando acabamos, Søren me llevó aparte y me susurró: «Señora Green, le pido disculpas por lo de los libros. Todavía no le he enseñado a hacer eso».

La señora Green y yo cruzamos la mirada durante un largo instante y después volvimos la vista hacia los niños que estaban sentados en una mesa de la cafetería. Nos volvimos a mirar, y los ojos de la maestra se inundaron de compresión y amabilidad.

Todavía no le he enseñado a hacer eso. Fue la primera vez que Søren identificó con mayor claridad su papel en la vida de Zealand, ese papel que existe y es más importante que el orden de su nacimiento en la familia. La función para la que había nacido de verdad y para la que Dios lo había preparado: el guía protector y compasivo de un hermano pequeño.

Ojalá todos aprendiéramos a cumplir con nuestro rol.

DALE LA VUELTA AL GUION

- ¿Qué rol sientes que se te ha asignado en tu familia de origen?
- ¿Qué rol has «heredado»? Ese lugar donde tuviste que llenar la brecha, ocupar el sitio en el banco, aunque pensaras que no encajabas en esa posición o no se alineara con tus metas personales. ¿Qué aprendiste de esa herencia?
- ¿Hay algún rol que no te decidas a asumir? ¿Quizás el puesto de directora en el trabajo, ese que parece asustar por las responsabilidades que conlleva, y que luchas para verte desempeñando? En ocasiones, ha recorrido mi mente un guion que me indica que no tengo la suficiente educación ni la experiencia, ni la sabiduría para llevar a cabo una función que parece fuera de mi alcance. No obstante, he llegado a entender que solo se trata del enemigo que intenta mantenerme abatida. ¿Qué paso podrías

dar hoy, esta semana, para intentar dar un paso adicional hacia un rol que te asusta un poco?

- ¿Tal vez se trate de liberarte de una función que has apreciado mucho, como la necesidad de dejar de ser una supermamá en la escuela, porque tu hijo más pequeño ya se ha ido a la universidad y es hora de darle paso a una nueva generación de madres? Si te encuentras en un período de transición, alejándote de un tiempo especial en tu vida como madre, tu vida laboral, lo que sea en tu caso, tómate el tiempo para reflexionar, no en lo que sientes que estás perdiendo, sino en lo que podría estar en el horizonte. Nos resulta muy fácil quedarnos atascadas en un tiempo de transición y limitarnos a mirar al pasado. ¿Qué podría haber en tu horizonte? ¿Qué interés has tenido que mantener en un segundo plano durante un tiempo? ¿Qué visión tienes de ti misma, de quien quieres ser, en esta nueva etapa de tu vida? ¿Qué pasos puedes dar hoy para empezar a caminar hacia el futuro?

Cuatro

El borrón

No nací como una diva.

No, convertirse en ese tipo de diva que he llegado a ser requiere mucho tiempo y esfuerzo. Fue un proyecto que tardaría años. Y, finalmente, necesitaría todo mi respaldo y mi participación.

Nací en Houston, Texas, y fui la más pequeña y la única hija que mis padres habían tenido en su complicado matrimonio, que incluyó a mis medios hermanos y mis hermanastros. Según lo cuenta mi madre, desde el principio sintió que la fama formaría parte de mi vida. En realidad, mi nombre es un reconocimiento de esa sensación suya: ella quiso deliberadamente que mi nombre fuera J-A-C-I, cuatro letras, algo fácil a la hora de firmar autógrafos, como C-H-E-R.

Mi madre tiene una especie de gran visión. Dios la bendiga.

Empezó a inscribirme en diferentes concursos cuando todavía llevaba pañales. Me cuentan que gané el premio al bebé más lindo de Texas cuando usaba mis Pampers, y un par de años después el de la niña pequeña más graciosa. Cabría pensar que sería una candidata segura para el siguiente concurso al que mi madre me apuntó cuando tenía siete años. En realidad, mi participación en aquella competición es uno de mis primeros recuerdos. Tenía que llevar un vestido blanco con un fajín de color rojo carmesí. Canté «Greatest Love of All» [El amor más grande de todos], la canción de Whitney Houston, porque si vas a ser una diva, más vale que lo hagas a lo grande.

Sin embargo, tuve mala suerte, quedé segunda. ¡Segunda! Mis padres habían decidido que no permitirían que llevara maquillaje en aquel concurso, e imagino que esto les proporcionó una ventaja a todas las demás niñas de siete años que usaron rímel y pintalabios. Y todas llevaban grandes peinados, y quiero decir en verdad GRANDES, con los rizos y los tirabuzones y la laca de purpurina. Y todas tenían lentejuelas en sus vestidos, cuando el mío era sencillamente blanco. Tal vez si hubiera sido una de aquellas relucientes ostentaciones con piernas, habría quedado en primer lugar. Es posible.

El segundo puesto no era lo que mis padres, o yo, habíamos planeado. No formaba parte del guion. Y, en cierta medida, la razón por la que pienso que aquel concurso es uno de mis primeros recuerdos se debe a que su eco ha sido durante mucho tiempo una motivación impulsadora en mi vida.

¿Ese eco? El rechazo resulta desagradable. Evítalo a toda costa.

El rechazo rebotó en mi corazón. Susurraba en mi cabeza. Me decía que si yo hubiera hecho un poco *más* de esfuerzo, hubiera estado un poco más brillante, actuado un poco mejor, usado un poco de purpurina, entonces tal vez, solo tal vez, habría conseguido ese primer lugar en los corazones de las personas y en las fichas de puntuación de los jueces.

Sin embargo, no creo que mi madre pretendiera en ningún momento que yo conociera el rechazo a través de aquellos concursos. Se suponía que todo sería divertido, una forma de experimentar la interpretación, vestirse para ella y conocer a otras niñitas y sus madres. No obstante, yo recuerdo que el rechazo es desagradable. Ese es el mensaje. Me habían dado de lado.

No mucho después de aquella experiencia, mi familia pasó por un cambio significativo. Mi padre había sido pastor en Houston, pero cuando yo cursaba el tercer grado nos mudamos a Denton, Texas, cerca de Dallas, para que ocupara un puesto en el ministerio. Él ha hablado con franqueza sobre la temporada desesperadamente desafiante que enfrentó durante aquel tiempo en Denton. Cayó en una profunda depresión que casi le cuesta la vida. Aún sigue predicando sermones sobre estar sentado en su auto, mientras que una voz en su mente le decía que pusiera fin a todo, que se saliera de la carretera y acabara con el dolor. Y habla sobre haber experimentado cómo Dios interrumpió ese momento y lo escuchó decir: *David, tengo un ministerio para ti.*

Al final, mi papá se aferró a la esperanza de que Dios tenía planes para él, que quería aportar algo más a su vida. Abandonamos Denton y nos fuimos a Tomball, Texas, donde se convirtió en el pastor de alabanza de una iglesia. Y fue entonces cuando empezamos a recorrer cada vez más las carreteras para llevar música y esperanza a las iglesias cercanas y lejanas.

Era verano cuando hicimos nuestro primer viaje más largo por carretera para un concierto. Yo tenía nueve años y había acabado el curso de cuarto grado. No pensaba demasiado al respecto mientras estábamos en el camino. La escuela había acabado, mis amigos se marchaban de vacaciones con sus familias, y yo estaba fuera con la mía, pero con un propósito ligeramente distinto. Cuando recuerdo aquellas primeras y extensas semanas en la carretera, practicando las partes armónicas mientras recorríamos las principales autopistas y las oscuras carreteras secundarias, veo que pensaba que todo aquello era una aventura. Sencillamente estaba con mis padres y seguía sus pasos, tanto en cómo se desarrollaba nuestro verano como en mis armonías a sus melodías.

Sin embargo, cuando llegó el otoño, seguíamos en la carretera. Viajábamos todavía de un lugar a otro. Jamás volví a mi pequeña escuela de primaria en Tomball, Texas, y el asiento trasero de aquel

Honda se convirtió en mi nueva aula mientras seguían llegando fechas de compromisos para cantar. Recibía un montón de atención por ser tan pequeña y sentirme tan cómoda sobre el escenario. Entre nuestro pequeño trío, mi madre, mi padre y yo, las cosas empezaron a cambiar, y yo me destacaba cada vez más. Poco a poco, empecé a tomar la delantera vocalmente. No obstante, mis padres me dirigían de cerca.

Ciertamente sentía la presión y las expectativas de las iglesias en las que cantábamos. Ese espectáculo itinerante constituía el negocio de nuestra familia. Resultaba importante que hiciéramos felices a las personas en esos lugares. Era relevante tener una buena reputación ante ellos. Para mí, actuar no solo significaba cantar; quería decir también ser una buena niña, amable, dulce, conocedora de las Escrituras y llena de fe. Todo provenía de la realidad. Y en ello había verdadera presión, una evidencia de la importancia de lo que yo estaba viviendo y proyectando.

Tres años después, volví a estrellarme contra el rechazo. Sí, a la edad de doce años pensé que mi carrera había acabado. Doce. ¡¿Doce?! ¿Quién piensa a esa edad (a) que tiene una profesión y (b) que está tan harta de la profesión que podría ponerle fin? *Umm...* pues yo. Se me había ocurrido a mí. Se me había metido en la cabeza que necesitaba formar parte de un grupo llamado *The Continental Singers*. Era un grupo de jóvenes vocalistas con una larga tradición de interpretación. Cada año hacían audiciones para añadir nuevos vocalistas al grupo, y yo sabía que ese era el siguiente paso para mí. Nos dirigimos a Estes Park, Colorado, para el Seminario en las Rocosas, donde participaría en una experiencia tipo concurso. Pasaría de un jurado a otro en el gran campamento donde se celebraba el seminario, cantando y armonizando, con la esperanza de llegar a ser uno de los nuevos miembros de *The Continental Singers*.

Me enfrenté a los jueces para la primera ronda.

Y después quedé fuera. Se acabó. Finito.

Rechazada.

Tras recibir la noticia, volví corriendo a la casa rodante en la que vivíamos y viajábamos, abrí la puerta con rabia y me tiré sobre el fino colchón de la cama *queen-size* que se hallaba en la parte trasera del chasis. «¡Se acabó!», les grité a mis padres mientras las lágrimas empapaban mi rostro. «¡Mi carrera está acabada!». Y de verdad lo creía. «¡Viviré en esta casa rodante durante el resto de mi vida!».

Puntos de bonificación por el toque de dramatismo al enfrentarme al fracaso.

No obstante, el asunto era real. Era intenso. En las iglesias, estaba consiguiendo prestigio como la linda pequeña que iba de ciudad en ciudad con sus padres, cantando y anunciando el evangelio, cuando las demás niñas de mi edad se pasaban notas en la clase y coqueteaban con los chicos. Sin embargo, cuando me evaluaron y me juzgaron con toda una muchedumbre de otras niñas lindas, pequeñas, intensas y que llevaban el evangelio en aquella audición para *The Continental Singers*, no estuve a la altura. Y esto hizo que me preguntara si de verdad daba la talla.

• • •

Ese temor a ser juzgada, a no estar a la altura, puede afectar al guion de nuestras vidas de formas significativas. Para algunas de nosotras, un rechazo significa que dejamos de intentarlo. Para algunas de nosotras, un rechazo nos hace intentarlo con más fuerzas. Para todas nosotras, el rechazo se presenta con un gran bolígrafo rojo y garabatea cosas verdaderamente malas y desagradables entre las cuidadosas líneas de vida que hemos estado elaborando para nosotras con relación al propósito y el significado de nuestras vidas.

Cuando el temor al rechazo está bien alimentado por medio de nuestros pensamientos, de la práctica de enfocarse en ello, crea una vulnerabilidad, una exposición que nos hace cada vez más susceptibles a la mordedura del repudio. En el caso de algunas personas, parece desconectarlas de las demás. Procuran evitar el rechazo repudiando a cualquiera que se acerque a ellas. Este tipo de estrategia se ve en juego en esa tristemente célebre anciana malvada que vive calle abajo, esa que les grita a los niños por pasar por la acera delante de su casa subidos en su patineta a las dos de la tarde, como si eso fuera alguna clase de conducta delincuente. Se percibe en el jefe que parece distante y desconectado. Se observa en los miembros de tu comunidad de fe que llegan un poco tarde a la iglesia y se van un poco más temprano, dando a entender que no quieren molestarse en desarrollar relaciones. A veces, en el núcleo central de todo esto se encuentra alguien que sencillamente no quiere ser rechazado de nuevo, de manera que hacen el trabajo por ti al no permitir que te acerques.

Y luego está el otro tipo de respuesta a la exposición del rechazo, una por la cual ahora veo que transité durante años. Esta respuesta consiste en procurar protegerte del rechazo haciendo todo lo que puedes por agradar a quienes te rodean, convirtiéndote en lo que crees que ellos esperan que seas, intentando seguir el guion que ellos te están dando a leer.

> Ese temor a ser juzgada, a no estar a la altura, puede *afectar al guion* de nuestras vidas de formas significativas.

Ahora bien, debes entender que algunas veces lo que tú crees que los demás esperan de ti no es en realidad lo que están pensando. En ocasiones podemos construir todo un personaje basado en lo que nos parece que las personas quieren de nosotras, sea verdad o no. Y hay ocasiones en que en realidad las personas no tienen expectativas. Ellas ciertamente extenderán o retendrán el amor, la aceptación y la aprobación que ansiamos como refugiados del rechazo.

Ese fue mi caso: yo era una mezcla de amar profundamente a Dios, de anhelar ministrarles a los demás sobre su amor a través de la música y el ministerio, con profundas presiones de querer agradar a todos los que pudiera. Deseaba realmente vivir para Dios debido al amor que sentía por él. Desde mis días más tempranos he sentido siempre su presencia, su gozo, su Espíritu creativo corriendo por mis venas. Lo acepté como mi Señor cuando era muy pequeña y nunca miré atrás. Quería vivir según su Palabra. Quería mostrar mi gratitud mediante elecciones piadosas y sabias en mis disciplinas personales y mi conducta.

Eso no ha cambiado nunca.

Sin embargo, lo que también resultaba difícil para mí era ese irónico impulso a evitar el rechazo. Sí, quería agradar a Dios, pero también a las personas. Y esa combinación galopaba y me mordía los talones conforme mi carrera iba progresando y la temprana visión de fama de mi madre para mi vida tomaba forma.

$$\bullet \quad \bullet \quad \bullet$$

A los doce años, tras ser descartada por los jueces de *The Continental Singers,* pensé que mi carrera como cantante había acabado. Sin embargo, hacia los trece años fui «descubierta». A través de una serie de contactos, se me pidió que cantara en el evento de la Semana de Oración Nacional de Houston. Alguien que me escuchó allí se puso en contacto con mis padres y me pidieron que abriera un concierto de Point of Grace [Punto de gracia]. Un director de giras grabó en vídeo la interpretación y se la envió a dos mujeres que buscaban un nuevo proyecto para un álbum, Debbie Atkins de Word Publishing y Judith Cotton Volz de Myrrh Records. Debbie y Judith tomaron un avión para verme cantar en Houston en un evento que mis padres habían concertado específicamente para mí, con el fin de que Debbie y Judith pudieran escucharme cantar. Aquella tarde abrí el espectáculo, canté con pistas musicales, que es cuando un cantante interpreta sin otros músicos en vivo, con una compilación de música grabada de antemano. Después de mí iba el grupo principal, y por supuesto ellos tenían una banda asombrosa. Lo di todo, y Debbie y Judith fueron amables.

A continuación, ellas volvieron a Nashville y yo me quedé preocupada por haber parecido de segunda categoría en comparación con ese grupo completo, por haber parecido de un nivel bastante bajo con mis pequeñas pistas pregrabadas y sola en el escenario. No tuvimos noticias durante un tiempo.

Hasta que llegaron tres billetes de avión a Nashville y el sello discográfico nos hizo viajar hasta allí para conversar sobre los pasos siguientes. Me pidieron firmar un contrato de grabación con Myrrh Records, parte de Word Entertainment. Acababa de cumplir los catorce. Y nos trasladamos oficialmente a Nashville para empezar a trabajar en el álbum.

En ese momento llevaba casi cinco años viviendo en la carretera. De repente, tener una base en Nashville era algo surrealista. Nos mudamos a un apartamento de dos dormitorios, y yo tenía mi propio baño. Mi propia habitación. ¡Rayos, mi cuarto tenía su propia puerta!

Aquel primer contrato de grabación no supuso una enorme ganancia. Había un pequeño presupuesto para producir el álbum con el requisito de que tendríamos un año para acabarlo. Me extendieron un cheque por un pequeño importe. Aunque me sentía sumamente entusiasmada y agradecida por haber firmado con ellos, los detalles propiamente económicos del contrato fueron muy modestos, y mis expectativas lo fueron más aún. En realidad, no pensaba que resultara gran cosa de la grabación, y me conformaba con recuperar el presupuesto de la producción y aquel pequeño cheque recibido.

Empezamos a trabajar. Mi madre me dejaba en el estudio y yo me ponía mis auriculares y me situaba delante del micrófono. Ya había grabado antes; había hecho discos «por encargo» con mi madre y mi padre; es decir, un álbum que se hace al margen de un contrato de grabación o un estudio importante. Los vendíamos por la carretera mientras viajábamos; yo colocaba los casetes y CDs sobre mesas plegables en los vestíbulos de la iglesia donde cantábamos. Sin embargo, grabar en Nashville con la potente maquinaria de un sello de grabación respaldándome era una experiencia totalmente nueva.

Aunque solo tenía catorce años, y cumplí quince durante la producción del álbum, me trataron con mucho respeto y deferencia. Las personas escuchaban lo que yo decía. Le prestaban oído a mis ideas. Al mismo tiempo, no me hacía valer demasiado. Era muy consciente de que todo aquello era una especie de experimento, una apuesta por parte del sello discográfico. También les hacía caso a los músicos y los productores. Estaba más que agradecida por la oportunidad y tenía la ambición de hacerlo lo mejor posible. Entendía que nuestra razón para mudarnos a Nashville estaba ligada a lo bien que cantara en aquel álbum.

Día tras día, mi madre seguía llevándome en nuestro único auto luego de que yo empaquetara lo que necesitaba usar durante el día, y pasábamos por delante de las escuelas cercanas a nuestro apartamento, deteniéndonos en los pasos peatonales escolares y cediéndoles el paso a los autobuses escolares llenos de alumnos. Íbamos al estudio y yo agarraba mi mochila y me dirigía a un tipo distinto de educación: el estudio era mi aula, el equipo de producción mis profesores y el micrófono mi mascota.

Era feliz. Mis padres también. Y lo mismo ocurría con los directores y productores.

Y todo el mundo estaba a punto de ser mucho más feliz.

Mi primer álbum, *Heavenly Place* [Un lugar celestial], salió al mercado en 1996. Yo acababa de cumplir los dieciséis. El primer sencillo fue «If this World», y se convirtió en un éxito número uno. A continuación salió el siguiente sencillo del álbum, «Un lugar celestial». Y también fue un éxito número uno. Lo mismo ocurrió con el siguiente, «Flower in the Rain» [Flor bajo la lluvia]. Y al acabar 1996 y empezar 1997, salieron «On My Knees» [De rodillas] y «We Can Make a Difference» [Podemos hacer una diferencia] como sencillos. Y los dos fueron número uno. Todos estos éxitos significaron que *Heavenly Place* consiguió el disco de platino, es decir, se vendieron más de un millón de copias.

Este es el resultado: un álbum de presentación de una artista relativamente desconocida que se convierte en platino equivale a personas muy, muy felices, desde la artista hasta sus padres y su sello discográfico. Fue una experiencia increíble. Y me entusiasmaba saber que esas personas estaban siendo ministradas por las canciones de aquel disco. Recibíamos cartas y mensajes de personas de todas las condiciones sociales, donde nos contaban cómo ciertas canciones y frases del álbum las estaban ayudando a reconciliarse con Dios, que estaban ahondando de nuevo su fe, que estaban descubriendo la relación con un Padre que las amaba.

Yo apenas empezaba a percibir la magnitud de este tipo de salto meteórico. Hubo un breve momento, como esa pausa lenta justo antes de que una ola golpee la orilla. Sientes que está llegando, pero durante un instante solo hay silencio. Entonces, la ola se estrella y todo se mueve, incluso la arena bajo tus pies. Y cuando la ola del significado de todo esto llegó a mí, cuando empezaron a aumentar los premios, la persecución de los ejecutivos discográficos y todo lo demás, el rugido, el tumulto fue inmenso.

• • •

Siento compasión por el rey Saúl en el Antiguo Testamento. De verdad que sí. Quiero decir, entiendo que se convirtiera en un villano en la vida de David, el mejor amigo de su hijo Jonatán, aquel cuya música podía calmar los crueles dolores de cabeza del monarca, aquel a quien Dios acabaría nombrando rey sobre Israel. Comprendo que Saúl cometió todo tipo de maldades contra David, que tomó las peores decisiones, incluida la de apartarse de Dios.

Sin embargo, también veo algo en su vida que puedo entender. En Saúl se creó la dependencia de intentar complacer a las personas de su nación. No quería que lo rechazaran a favor de David. Luchó por ser paciente cuando Dios le ordenó que esperara ciertas cosas. Se volvió impulsivo y procuró reparar aquello que le parecía ir mal.

En una ocasión, el profeta Samuel le dijo a Saúl que lo esperara en Guilgal durante siete días. Saúl debía aguardar allí con su ejército, un grupo de hombres supuestamente leales a él. Samuel lo tranquilizó y le aseguró que llegaría en una semana. Sin embargo, el ejército filisteo estaba en la región, y Saúl y sus hombres empezaron a asustarse. Los días transcurrían y Samuel no aparecía.

Y empezó a suceder aquello que Saúl temía más: sus hombres comenzaron a dispersarse. Saúl decidió que tenía que actuar para impedir que sus soldados lo rechazaran, que lo abandonaran. De modo que tomó las riendas e hizo algo que iba más allá de lo que Dios le había indicado por medio del profeta Samuel. Decidió hacer un sacrificio. Se ocupó él mismo de cambiar el guion específico de la orden divina.

Ahora bien, esto no parece ser tan grave, ¿verdad? En mi opinión, hay pocas páginas en el Antiguo Testamento en las que alguien no encendiera la parrilla de la barbacoa y asara algo delante de Dios: sacrificios por el pecado, sacrificios de agradecimiento, sacrificios como pago. Esto formaba parte de la vida antes de que viniera Jesús como sacrificio supremo por nuestros pecados, poniéndole fin a la necesidad de esta clase de práctica.

No obstante, cuando Samuel llegó y se percató de lo que Saúl había hecho, enseguida le aseguró que había sido un gran error.

¿Qué? ¿Por qué?

En 1 Samuel 13 hallamos la respuesta. Cuando Samuel llegó a Guilgal y descubrió lo que Saúl había hecho, este intentó explicarlo todo: «Como vi que la gente se desbandaba, que tú no llegabas en el plazo indicado, y que los filisteos se habían juntado en Micmás, pensé: "Los filisteos ya están por atacarme en Guilgal, y ni siquiera he implorado la ayuda del Señor". Por eso me atreví a ofrecer el holocausto» (vv. 11-12).

¿Captas la idea? Saúl no sacrificó por reverencia u obediencia a Dios. Actuó por temor, guiado por su preocupación de que los hombres se dispersaran. Por miedo a que la gente lo abandonara. Con el objetivo de que su popularidad y su reputación como rey no sufrieran. Y por ello se adelantó a las instrucciones que había recibido. Se puso nervioso e impaciente. Intentó prevenir lo que consideraba un rechazo inminente.

Y las cosas no salieron bien. Samuel le impuso un fuerte castigo y le anunció que acabaría siendo sustituido por alguien según el corazón de Dios. Sin embargo, tres capítulos después en el libro 1 Samuel, vemos con claridad que Saúl todavía no había entendido el mensaje. Esta vez recibió instrucciones muy específicas sobre cómo dirigir un ataque contra una de las naciones enemigas de Israel, los amalecitas. Una vez más, Saúl apostó por lo contrario. Actuó según su propia sabiduría, permitiendo que los hombres de su ejército tomaran el botín que Dios les había ordenado destruir. Él seguía comprando amistades, seguía buscando protección contra el rechazo.

Cuando Samuel le volvió a pedir cuentas por lo que había hecho, escucha lo que respondió: «¡He pecado! [...] *Pero te pido que por ahora me sigas reconociendo ante los ancianos de mi pueblo y ante todo Israel*» (1 Samuel 15.30, énfasis añadido). Saúl estaba enfocado en evitar el rechazo del pueblo. Amaba a Dios. Intentaba hacer las cosas bien. Pero el rechazo se había convertido en el ídolo que lo gobernaba. Y al procurar eludir el rechazo, acabó renegando del Dios que se lo había ofrecido todo: una nación, un reino y un legado.

Tengo que preguntarme con cuánta frecuencia me he dejado gobernar por el temor al rechazo. ¿Cuán a menudo he intentado dar la sensación de que hacía sacrificios a Dios, cuando solo procuraba evitar que mi gente se dispersara?

¿Y qué me dices de ti?

He tomado muchas malas decisiones con el fin de que mi gente no huyera apartándose de mí. Y apostaría a que tú también has hecho muchas cosas, desde *soportar* la conducta deficiente de algunas de las personas en tu vida con el fin de que te apoyen hasta *exhibir* una mala conducta para alejar a quienes temías que acabaran rechazándote. El repudio puede ser un motivador sumamente poderoso, y sigo aprendiendo cómo me ha propulsado a lo largo de los años. Sin embargo, no te desalientes: cuando empezamos a expulsarlo de nuestras vidas, cuando comenzamos a entender cómo nos paraliza y nos enreda, podemos iniciar el proceso de despojarlo de parte de su poder.

• • •

Tengo muy buena memoria. Mis amigas suelen comentar cómo me acuerdo de los nombres, los acontecimientos, las fechas, las conversaciones. No me di cuenta de lo fuertes que eran mis recuerdos hasta que inicié el proceso para escribir este libro, y me sorprendió mi capacidad de volver atrás en el tiempo, mirar a mi alrededor, asimilar las vistas, percibir los sonidos y traer a mi memoria los sentimientos. Sin embargo, con respecto a los meses siguientes a la publicación de *Heavenly Place* y de mi segundo álbum, *Jaci Velasquez,* bueno, todo se vuelve vago. Yo lo llamo El Borrón. ¡Tantas cosas empezaron a ocurrir con tanta rapidez!

Hay momentos que destacan. En 1997, fui invitada a los Premios Dove, el acontecimiento anual de la industria de la música cristiana que reconoce el logro más sobresaliente en el campo de la música de la fe. Me acuerdo que estaba tan entusiasmada por la invitación que me compré un atuendo. Recuerdo a Robin, la chica que me maquilló. Todo era muy distinto a cómo me preparaba para las actuaciones con las que había crecido, cuando mi madre y yo hacinadas en el baño de una gasolinera intentábamos hacer algo con nuestro cabello y suavizar las arrugas de nuestros vestidos apergaminados de la carretera antes de ir a cantar a la siguiente iglesia pequeña. ¿Artistas con ropa nueva y maquillaje? ¿Qué era esto? Llegué a los Premios Dove agradecida, deslumbrada y aturdida por las luces y las grandes figuras.

Fue la noche en que gané el premio como Artista Revelación del Año. Si yo pensaba que la vida había ido muy rápido durante los dos años anteriores, a partir de ahora cobraría una velocidad supersónica.

Fui contratada a fin de hacer un anuncio publicitario para Target. Sí, ese Target, la cadena de supermercados, el lugar donde ahora paso tanto tiempo. Y fue durante el rodaje cuando mi director se acercó a mí con un nuevo contrato para otro álbum. El sello discográfico quería volver a trabajar conmigo. Y este contrato iría a mi nombre, pues estaba a punto de cumplir los dieciocho. Mis padres no figurarían en este acuerdo. Y era mucho más dinero de lo que jamás creí posible. Podría comprar una casa para nosotros. ¡Toda una casa!

Firmé el contrato.

A continuación, Sony Discos firmó otro contrato conmigo para un álbum latino. Esto proporcionó la oportunidad de hacer un álbum de fusión en español con Rudy Pérez, de Sony, en 1998. La primera publicación de dicho álbum alcanzó el número uno de las listas latinas, y se produjo algo que jamás había visto venir: una oferta para hacer un álbum pop latino. Ese álbum también contenía una canción que fue número uno, y tuve dos canciones distintas, en dos mercados musicales diferentes, que fueron catalogadas como éxitos número uno por Billboard al mismo tiempo.

Y entonces empezaron a llegar más contratos de publicidad para varios productos de renombre. Con ellos, todo cambió y la gente empezó a tratarme de otro modo. Ya había experimentado con anterioridad la bondad de las personas. Había recibido sus cumplidos y sus palabras de confirmación. No obstante, ahora la dinámica era totalmente nueva. Se hacía todo lo que yo decía.

Suena raro, pero así fue. Cuando los sencillos de mi segunda grabación, el álbum *Jaci Velasquez*, se convirtieron en número uno repetidas veces, y después empezaron a lanzarse los álbumes latinos y empezaron a llegar las nominaciones a los Grammy por ellos, todo el mundo comenzó a andar de puntillas en torno a mí. Cuando yo hablaba, saltaban. Las botellas de agua aparecían en mi mano antes de pedirlas. Personas destacadas de la industria comenzaron a hacerme regalos. Todos se apresuraban y se daban codazos a mi alrededor ante mi más simple petición. Era como si las personas hicieran malabares para impedir que yo estallara, como si mi temperamento fuera una especie de cosa volátil e impredecible. Yo no era así en absoluto. Era una chica que amaba a Dios, que conocía el valor de vivir según el fruto del Espíritu. Sin embargo, en torno a mí había personas que querían satisfacer cada capricho mío. Al final, aprendí el poder que había en un puchero para conseguir lo que quería en el momento en que lo quería. Aprendí la eficacia de una rabieta para ponerle fin a un debate creativo o gerencial. Parecía que todos esperaban que me comportara y reaccionara como una diva. Y así lo hice. Y pagué por ello.

No me refiero a un costo de formas psicológicas y espirituales en un futuro. Quiero decir que pagué literalmente por ello. Si iba a un restaurante con un grupo de personas... pagaba la comida de todos. Y es que ellos esperaban que fuera así. Si íbamos al cine, corría de mi cuenta. Ahora también pagaba la nómina de más y más amigos y miembros de la familia para que formaran parte de lo que yo estaba haciendo, algunos con funciones realmente importantes, unos con responsabilidades definidas y otros con deberes un poco más vagos. Sabían que era yo quien pagaba; y yo sabía que lo estaba haciendo. Todo esto contribuía a hacer crecer a una diva.

Para ser claros, asumo toda la responsabilidad de mi transición a diva durante aquel tiempo. Mi corazón era verdaderamente puro con respecto a servir a Dios, y de verdad mantuve muchos de mis valores centrales durante El Borrón. Por ello, aunque estaba loca por los chicos y podía tener al que quisiera, ya que les encantaba estar cerca del glamur y la fama, para mí era importante llegar virgen a la noche de boda, así que esperé al matrimonio. Aunque sabía que al pagarlo todo me estaba echando encima un poder y una responsabilidad desproporcionados, mi corazón era generoso y sentía firmemente (y sigo sintiéndolo del mismo modo) que la generosidad es importante para Dios. No obstante, mezclada con toda esa buena intención había una chica que podía chasquear los dedos y hacer que las personas prestaran atención, estando listas para salir a hacer cualquier recado que estimara necesario.

Irónicamente, en medio de este período, con todo lo que ahora considero la clase de conducta de una mocosa consentida, seguía estando muy manipulada. Con el éxito de los álbumes llegó un programa intensivo de giras. Volví a encontrarme en la carretera, esta vez no era en el viejo Honda azul ni la chirriante casa rodante, sino en un autobús de viajes de lujo con toda clase de artilugios. Cantaba una noche en un lugar atestado, firmaba autógrafos, saludaba y veía a los fans, y volvía al autobús para quedarme dormida casi al alba, mientras las ruedas devoraban los kilómetros y mecían mi sueño. Me levantaba temprano, con una lista de entrevistas telefónicas en la radio que dominaban mi mañana. Hacía una pequeña pausa para el almuerzo y llegábamos al siguiente lugar de actuación para la prueba de sonido. Volvía al autobús para otra ronda de programas de radio y entrevistas para revistas y la prensa seguida de una rápida cena, y luego llegaba la hora de prepararse para salir al escenario, con el cabello, el maquillaje y el atuendo listos. Subía al escenario, cantaba, oraba con las personas, escuchaba sus historias, firmaba los autógrafos, regresaba al autobús, y todo volvía a empezar. Prácticamente se contaba cada minuto de cada día, con todo programado y justificado.

En algún punto de esos mimos y ese control, estaba perdiendo el verdadero sentido de mí misma. Ahora más que nunca había mucho en juego para mantener a raya el rechazo. ¡Tantas personas dependían de que cumpliera lo que se esperaba de mí! Ellos necesitaban que fuera la figura más importante de la sala, con las exigencias más claras. También precisaban que fuera la preferida de la industria de la fe cristiana, la chica de oro con una reputación inmaculada. Esto afectó mi relación con mis padres. Ahora yo era literalmente la jefa y ellos trabajaban para mí. Era una hija, pero una hija empresaria, con una posición de directora ejecutiva muy extraña para alguien de mi edad. Era una amiga, pero una amiga empresaria, una dinámica que no suele brindar la clase de amistad basada en la completa sinceridad e igualdad. Durante El Borrón, todos me amaban, querían algo de mí, que yo los viera. Para mí era como ver una película en la que yo era la estrella, pero no parecía real. Era como si todo le estuviera sucediendo a otra persona.

Y yo seguía huyendo del rechazo.

No quisiera que tuvieras la impresión de que me conmiseraba de alguna manera, pensando: «¡Oh, pobrecita yo!». Eso jamás. Estaba locamente agradecida de tener esas oportunidades y era vertiginoso intentar traspasar todas las puertas que se abrían con tanta rapidez. Sin embargo, hay algo que forma parte de lo divertido de que todo se alinee para ti, cuando haces cosas y conoces a personas famosas, y vas a lugares asombrosos donde nunca pensaste ir. Puedes asustarte. Temer que todo va a desaparecer. Temer que pueda acabar. Temer que no te escojan para el siguiente álbum, anuncio publicitario o entrega de premios.

Y así se va haciendo más fuerte el rugido del posible rechazo, hasta igualar en ocasiones el gozoso ruido de la gratitud.

Como medio de evitar ese miedo, supongo, siempre tuve un novio en mi vida, siempre había otro esperando. Ansiaba la validación del interés romántico. No obstante, si sentía la más mínima señal de que la atención de un chico se desvanecía, si sentía el más ligero enfriamiento por su parte, rompía con él. De inmediato. E instalaba la versión siguiente de un novio en su lugar. Y tenía la extraña costumbre de que, tan pronto como cortaba con un chico, enseguida cambiaba mi número de teléfono. Ni siquiera puedo recordar cuántos números distintos tuve. En aquel momento me convencía de que no quería que algunos de mis antiguos novios me molestaran.

Ahora lo entiendo mejor.

En realidad, no quería saber si me contactaría otra vez. No quería saber si él opinaría que merecía la pena suspirar por mí, intentar llamar, dejarme mensajes de voz desesperados. No quería saber si se habría marchado sin pensárselo dos veces. Al cambiar mi número tras una ruptura, me estaba protegiendo a mí misma en lo que respecta a saber si alguna vez me habría llamado de nuevo. No me preocupaba que me contactara de nuevo, sino que no lo hiciera.

Conforme mi carrera siguió ganando altura, el matrimonio de mis padres se derrumbó. Yo tenía diecinueve años cuando me informaron que se iban a divorciar. Era un giro del guion que no vi venir. Nuestro trío se rompía. Se habían mudado de la casa que yo había comprado y ahora viajaba sola cada vez más, pasando de los autobuses de gira a los vuelos en primera clase, y de estos a los jets privados. Sin embargo, su divorcio no solo trajo la realidad de que su relación llegaba a su fin, sino también el sentimiento de que de algún modo me estaban rechazando, como si en cierta forma yo no hubiera hecho bastante o no me hubiera esforzado lo suficiente. En una entrevista posterior a su divorcio, comenté: «Fue horrible. Me recluí en mí misma apartándome de todos y de todo, y estaba enojada con Dios. Oré: "¿Cómo has podido permitir que esto sucediera?". Estaba segura de que era culpa mía».[3]

Me ensalzaban como un «éxito de la noche a la mañana», pero desde el momento en que estaba en la carretera con mis padres cuando tenía nueve años, hasta la publicación de *Heavenly Place* a la edad de dieciséis, pasé la mitad de mi vida persiguiendo esta cosa de la música, ministrando a las personas a través de la música para presentarles al Dios al que amaba. Y una vez que por fin vi unos resultados en mi carrera con los que nunca soñé, solo transcurrieron tres breves años antes de que mis padres se separaran. En medio de este meteórico ascenso en la música se encontraba el excepcional cometa de la constancia. Fue mi lanzamiento simultáneo a la adultez y la pérdida de la manera en que creía encajar en la relación de mis padres. Ahora me encontraba en el concurso más importante de mi vida, con las compañías discográficas, las emisoras de radio y los anunciantes tomando a diario decisiones de mucho dinero con respecto a quién escogerían y a quién no. Para ser una chica que había estado huyendo de la posibilidad del rechazo durante la mayor parte de su vida, ahora me precipitaba directamente hacia él, con todo dependiendo de que me mantuviera por completo dentro de las expectativas que me habían encumbrado hasta ese lugar. Y allí, el suelo parecía estar formado a partes iguales de arenas movedizas y hoyos.

DALE LA VUELTA AL GUION

- ¿Cuándo fue la primera vez que recuerdas haber sentido el rechazo? ¿Fue cuando no recibiste la invitación de una chica popular a su fiesta de pijamas, a la que asistirían todas las demás muchachas de tu clase? ¿Fue cuando intentabas hacer algo que de verdad querías hacer, pero para lo que no te escogieron, como por ejemplo formar parte de las animadoras o una banda de música? ¿Qué clase de impacto crees que esto tuvo en tu progreso? ¿Te hizo más tenaz? ¿O más tímida a la hora de asumir riesgos?

- ¿Qué cosas has aportado a las relaciones como resultado del temor al rechazo? ¿Mantuviste una amistad poco saludable durante demasiado tiempo? ¿Fue una relación romántica? ¿O hubo algo que sabías que era inadecuado en una situación de trabajo, pero te quedaste porque estabas asustada de un «rechazo futuro», por la preocupación de que un nuevo empleador no te aceptara si abandonabas tu puesto actual? ¿Cuál fue el precio de permanecer en esas situaciones dañinas?

- Si pudieras empezar a eliminar el temor al rechazo de tu vida, ¿qué cambiaría para ti? ¿Qué sueño perseguirías si pudieras hacer a un lado la idea de que no eres capaz de lograrlo?

- ¿Cuánta importancia ha tenido para ti ser «escogida» en tu vida? ¿Has ansiado la validación de ser «elegida» por alguien? Quiero alentarte a decidir que ser escogida por Dios es suficiente. Y pon este versículo donde puedas verlo a menudo: «Hermanos amados de Dios, sabemos que él los ha escogido» (1 Tesalonicenses 1.4).

- He aprendido algo sobre el rechazo: *a veces* se disfraza de competitividad. Intentamos evitar ser rechazadas siendo competitivas, intentando vencer a los demás, ganar siempre, porque si lo hacemos, bueno, pues somos ganadoras. ¿Cuánta competitividad tienes frente a los demás? Y hay otra cosa que he aprendido sobre la competitividad: *suele* disfrazarse de celos. ¿Luchas a veces con el sentimiento de envidia por los logros, las vidas y las relaciones de los demás? ¿Podría el sentimiento de rechazo acecharte en el fondo de todo esto? ¿Cómo podría cambiar tu perspectiva de ganar y envidiar si pudieras identificar la presión del temor al rechazo que tal vez está acechándote ahí?

Cinco

Limones agrios

Me casé accidentalmente.

Y me divorcié de forma deliberada en menos de doce meses.

Puedo explicarlo alegando que luchaba por controlar a mis críticos. Que quería ser a toda costa una «buena chica» a los ojos de los demás. Que esperé hasta aquella primera noche de boda para tener sexo. Puedo afirmar que todos los acontecimientos que condujeron a aquella boda accidental y al divorcio intencionado supuestamente mejorarían las cosas, deberían haber hecho limonada con los limones agrios.

Todo empezó por un capricho que en realidad no creía que llegaría a ninguna parte. Todo comenzó con una audición.

Fue un intento de explorar el tema de la actuación. Cuando asistí a la audición que mi representante había organizado, se trataba de una simple oportunidad para que aprendiera sobre el proceso de las audiciones, cómo era pararse delante de los directores de las pruebas y pronunciar unas cuantas líneas. Esto me proporcionaría una percepción de la industria para que pudiera usarlo en algún momento, una vez que tuviera unas cuantas virtudes y experiencias interpretativas bajo el brazo. Yo había sido una enorme fanática del cine durante toda mi vida, y parecía divertido hacerlo, pasar por una verdadera audición, algo así como un momento al estilo de una pequeña lista de cosas que hacer antes de morir.

Y entonces ocurrió lo inesperado: me dieron el papel de Patricia, una principiante malcriada, formal y educada de la ciudad de Nueva York en la película *Un amante para tres*.

Fue una escalada vertiginosa.

Era urgente que me reuniera con mi director para dilucidar qué hacer. La película iba a ser una comedia romántica que narraba la historia de un tipo que hacía malabares con sus idilios con tres mujeres distintas, en tres ciudades diferentes. Punto uno: necesitaríamos establecer algunos límites con respecto a lo que yo estaría o no estaría dispuesta a hacer en el plató, entendiendo que el director podría decidir retractarse en su oferta después de que presentara mi «lista de buena chica». No diría palabrotas. No besaría a nadie, ni siquiera al atractivo protagonista masculino. No llevaría nada demasiado revelador por mucho que mis coprotagonistas femeninas lo hicieran. Hasta la fecha había permanecido fiel a mi fe y desarrollado una reputación impecable en la escena musical cristiana y latina, y no quería que eso cambiara.

Punto dos: necesitaría mudarme fuera de Beverly Hills para rodar durante los meses siguientes. Tendríamos que encontrar un lugar donde vivir que estuviera cerca de los estudios de cine. Por primera vez en mi vida viviría sola, lejos de mis padres y lejos de las ciudades del Cinturón Bíblico, Houston y Nashville, donde había nacido y vivido.

Punto tres: mis padres y mi novio tenían que aprobar todo aquel embrollo. Imaginaba que les parecería bien, pero quería asegurarme.

Mi representante y yo asumimos, en cierto modo, que el primer paso le pondría fin a toda la historia. A los productores no les gusta que sus actores les digan lo que harán o no harán, sobre todo cuando

se trataba de una niña que nunca antes había actuado, era relativamente desconocida en los escenarios de Hollywood, y afirmaba que
no haría una serie de cosas que se consideraban bastante mínimas en
el mundo del cine. Me hice a la idea de perder el papel por culpa de
mis requisitos de buena chica.

Sin embargo, para nuestra sorpresa, el productor accedió a mis
peticiones. *Entonces, de acuerdo.*

El punto dos también se aceptó sin problema. Encontré un lugar
donde vivir en Los Ángeles y me mudé, lista para vivir sola. Tras unos
cuantos meses incluso tuve una compañera de piso. Procedía de un
trasfondo de fe similar al mío, y sus padres también habían estado en
el ministerio a tiempo completo. Ella intentaba abrirse camino hasta
los focos hollywoodienses de la música y el cine, y nuestros agentes
pensaron que nos llevaríamos bien. Se llamaba Katheryn Hudson,
una de las personas más encantadoras que haya conocido jamás. No
tardamos en hacernos amigas durante aquel tiempo de aislamiento,
pero nuestras vidas acabaron tomando direcciones distintas. Hoy la
conocerás como Katy Perry. Sí. Esa Katy Perry. De modo que su
situación de vida se resolvió.

Punto tres: conseguir el sello de aprobación de mis padres y mi
novio. Pensé que eso también estaba asegurado.

No corras tanto, amiguita.

A mi madre no le gustaba la idea. En absoluto. Albergaba muchas
preocupaciones. Tomé notas de algunas de sus inquietudes con respecto a que me mudara sola, e intenté tranquilizarla asegurándole
que estaba lista para volar. Ella permaneció negativa en cuanto a
todo el asunto, sobre todo por la película. Finalmente dejé de intentar
convencerla y la catalogué de madre controladora que iba a tener que
aceptar la partida de su pequeña.

Y también estaba mi novio, Nic.

Nic Gonzáles. Atractivo, con talento, leal, amable. Nos habíamos conocido en una gira que hicimos juntos. Él era el vocalista de
Salvador, un grupo cristiano con base en Austin, Texas. Habíamos

coqueteado durante un tiempo, lo que a continuación nos llevó a salir después de las actuaciones. Luego esto condujo a una cita para cenar, y otra más. Transcurrido un tiempo, dimos el paso de DLR, «definir la relación», y nos hicimos novios. Sin duda, mi alentador, visionario y experto Nic estaría totalmente a favor de la oportunidad que me daba el cine.

Hmm, su respuesta sería un no.

No le hacía la menor gracia. No lograba encuadrar esta oportunidad con el punto que yo afirmaba querer alcanzar con mi música. Odiaba la idea de que me mudara a California. Cuestionaba mis motivos para querer el papel. Discutimos. Nos peleamos. Me repitió una y otra vez que le parecía una mala idea, que no veía cómo podría salir algo bueno de ello. Lo tranquilicé, grité, consolé, gruñí.

Entonces llegó el día en que algo hizo *clic* en mi interior. Muy dentro de mí, algo se desconectó. Había terminado. Les puse fin a todas las objeciones de Nic. Acabé con el asunto de que intentara retenerme. Con que intentara controlarme. *Limones agrios*, pensé. *Sencillamente, Nic está celoso de este salto en mi carrera.* Limones agrios. *Le preocupa muchísimo que yo pueda encontrar a otra persona.* Limones agrios. *Debería confiar en mí.*

Por lo tanto, decidí que no necesitaba ni a mi madre ni a mi novio para firmar sin reservas el contrato de la película. Me limité a atenuar las inquietudes de mi madre y las de Nic hasta disminuirlas al nivel de susurros frente al sonido mayor en estéreo de la oportunidad y los sueños del cine. No los estaba ignorando, pero tampoco les estaba pidiendo su permiso.

Listo. Punto tres resuelto. Me sacudí las manos, mientras la granulosa arena de las objeciones de mi madre y Nic saltaba de las palmas, dejándome como nueva y lista para agarrar el timón de mi vida. Acepté el papel y me dirigí al plató de rodaje.

Le atribuyo el crédito de mi preparación para estar ante una cámara de cine a todos aquellos años de viajes en el asiento trasero del Honda azul. En realidad, imagino que le prestaba atención a todas las sonrisas que veía en una película tras otra en aquel equipo de televisión y vídeo parecido a una caja. No solo me fijaba en las vistas y los efectos especiales, sino en cómo «contaban» los actores aquellas historias por medio de sus expresiones, cómo pronunciaban sus frases, y la sutileza de sus interacciones y reacciones. Estar en el escenario, frente al director y al cinematógrafo, me resultaba natural y lo disfrutaba. Desarrollé amistades con mis coprotagonistas, Sofía Vergara y Roselyn Sánchez, quienes interpretaban los papeles de Cici y Lorena, mis dos «competidoras» por el verdadero amor del galán, Thomas. Era fácil trabajar con la directora, Linda Mendoza, quien hizo que mi primera experiencia con el cine fuera divertida.

Hasta cierto punto, estaba interpretando el mismo papel que había representado durante un par de años. Mi personaje, Patricia, era una famosilla consentida de la ciudad de Nueva York, una absoluta diva con un perro peludo bajo un brazo y un caro bolso de diseño colgado en el otro. De alguna manera, se había convertido en el personaje que la gente esperaba de mí en mi vida «real», el de una célebre estrella pop cristiana. Las personas saltaban a la más mínima pregunta de mi parte, se apresuraban a cumplir cualquier petición, y actuaban como si pudiera ir por ellos en cualquier momento. En lo más íntimo de mi corazón, nunca fui así, pero mi juventud y la importancia que había adquirido mi carrera hicieron que en cierto modo esto fuera una realidad que me proporcionó la capacidad de sumergirme en el papel con bastante facilidad.

El rodaje duró varios meses. Aunque estaba contenta con el trabajo, también intentaba hacer nuevas amistades en una ciudad que no me era familiar. Permanecía en el lugar desde temprano en la mañana hasta tarde en la noche. En las escasas ocasiones en las que tenía un poco de tiempo libre, me encontraba en un mundo completamente nuevo: el escenario social de Los Ángeles. Este era apasionante, alarmante y del todo diferente a cualquier cosa que hubiera experimentado antes. Y yo salía con mi compañera de piso y con algunas personas del panorama musical y cinematográfico.

Cuando el rodaje se acercaba a su fin, realicé otro gran cambio en mi vida. Nic se había vuelto demasiado franco en sus objeciones sobre la vida hollywoodiense que yo estaba llevando y me había hartado de ello. Me preguntaba con regularidad qué hacía y con quién salía. Me había sentido agobiada y confinada por su comportamiento y sus opiniones. La relación a distancia que habíamos mantenido, él en Austin y yo en Los Ángeles, no era fácil, y no sentía la necesidad de regresar a mi «antigua» vida. Afuera había nuevos horizontes fascinantes, y a veces sentía que Nic quería retenerme. En mi vida, él era la persona que me retaba y se enfrentaba a mí, y ya no me gustaba. ¿Acaso no entendía en quién me estaba convirtiendo? La cosa alcanzó un punto crítico cuando una noche estuve fuera hasta las tantas, en una fiesta, y no respondí a ninguna de sus frenéticas llamadas en su intento de localizarme.

Poco después vino a la ciudad a visitarme. Nos sentamos en el banco de un parque con vista al Océano Pacífico y conversamos. Entonces, le rompí el corazón. Terminé con él. Pensé: *Si no puede subirse al barco de mis sueños más recientes, las puertas que se me acababan de abrir, entonces debo decirle «hasta luego».* En mi falta de visión, me dije a mí misma que solo precisaba a mi alrededor a las personas que creyeran en mí, que quisieran cada porción del pastel para mí. ¿Es que no era capaz de verlo? ¡Yo me sentía tan bien, tan justificada!

Para el momento en que la película terminó, yo vivía en una clase extraña de mundo triple. Había comenzado en la música cristiana contemporánea, luego añadí a la mezcla álbumes cristianos en español y después el pop latino. Hasta ahora había podido mantener contentos a esos tres mundos. No obstante, todo estaba a punto de cambiar.

Cada uno de los mercados musicales tenía expectativas con respecto a mí, y cuando se estrenó *Un amante para tres* en el año 2003, por primera vez me di cuenta de lo distintas que eran aquellas perspectivas.

El mercado del pop latino sentía que mi papel en la película era coherente con su forma de verme, una niña inmaculada que cantaba buena música bailable y baladas románticas para ellos. Me apoyaron, pensaron que el filme era divertido y celebraron conmigo.

El mercado cristiano de habla inglesa y el de habla hispana no estaban tan deslumbrados. Las páginas de críticas de películas cristianas fueron más severas con mi involucramiento en el filme. Mis fans musicales cuestionaron francamente mi moral y mis elecciones. Líderes cristianos respetados les advirtieron a los padres que mantuvieran a sus preadolescentes y adolescentes lejos de la película. La cosa alcanzó tal punto álgido que sentí que debía responder. Escribí una carta abierta en mi página web:

He escuchado que hay muchas preguntas con respecto al filme, sobre todo ahora que las personas están viendo el tráiler o el pre-estreno en los cines. Con el fin de traer descanso a sus mentes, no, no he abandonado mi fe personal en Dios ni tengo la intención de hacerlo [...] Le estoy agradecida a la productora, porque me ha permitido cambiar y corregir varias escenas con las que no me sentía cómoda debido a mis creencias. El proceso de decidir entrar en Hollywood se pensó con gran detenimiento y mucha oración. Consulté constantemente a mi familia y mi pastor para asegurarme de estar respondiendo a mi llamado.[4]

Era un territorio desconocido y desconcertante. Llevaba mucho tiempo siendo la niña favorita a los ojos de mi mundo cristiano. Y ahora me estaban cubriendo de barro. Haría todo lo que estuviera en mis manos para limpiar mi reputación y volverla a dejar centelleante. Buscaría la forma de convertir los limones agrios de la crítica en limonada.

• • •

Pienso muy bien de Aarón, el hermano de Moisés. Él intentó hacer limonada con los limones. Le gustaba la reputación que tenía como sacerdote de los israelitas. Disfrutaba que el pueblo lo respetara como ejemplo a seguir. Sin embargo, todo eso comenzó a ser cuestionado cuando Moisés subió a aquel misterioso monte llamado Sinaí para tener una conferencia con Dios. Cuando Moisés llevaba cuarenta días fuera, los israelitas empezaron a intranquilizarse. En Éxodo 32, le exigieron a Aarón que les fabricara algún tipo de dios que pudieran ver, algo familiar en la vida egipcia de la cual acababan de escapar.

De modo que Aarón, en un intento de hacer limonada con limones agrios, elaboró una mezcla de oro fundido a partir de sus joyas. Le dio forma e hizo un becerro de oro en un esfuerzo por recuperar el estatus de hijo favorito en medio del pueblo y acallar las críticas. Construyó un altar para el becerro y anunció que al día siguiente se celebraría una gran fiesta. Mencionó que sería una fiesta para Dios... con la asistencia de un ídolo.

Me da la sensación de que es justo lo que muchos hacemos cuando la crítica llega hasta nosotros. Intentamos arreglar las cosas a nuestra manera, pero alegamos que es para Dios. Yo sé que esto es lo que hice.

Moisés regresó del monte y se percató de lo que estaba ocurriendo: una gran fiesta desenfrenada a un ídolo. Se puso más que furioso y derribó a aquel becerro dorado, la falsa limonada. Lo redujo a polvo, lo mezcló con agua, e hizo beber al pueblo el amargo coctel de idolatría y esfuerzo humano.

Intervenir en aquella película era una cosa. Lo que hice a continuación fue un movimiento al estilo del becerro de oro, algo digno del amable intento de Aarón por eliminar la amargura de los limones. Sin embargo, en lugar de hacer un becerro de oro, yo estaba intentando recuperar mi reputación de chica favorita. Procuré rescatar lo que se había dañado con el estreno de *Un amante para tres*. Había estado saliendo con un nuevo chico durante un poco de tiempo, y la cosa se iba haciendo más formal. De verdad creía estar enamorada, pensé que podía hacer que un matrimonio con él funcionara, y albergué la idea de que esto aplacaría la negatividad y el bochorno por la repercusión de la película. Estaba viviendo un romance fugaz con un compañero músico, alguien a quien llevaba conociendo hacía solo unos pocos meses, cuando empecé a planificar la boda.

Ahora considero la cronología en retrospectiva y muevo la cabeza atónita al ver lo que estaba haciendo. Por esa razón señalo que me casé «accidentalmente». Mi afán por intentar «arreglar» lo que creía haber roto al hacer la película me llevó a tomar decisiones apenas meditadas. *Un amante para tres* se estrenó, empezaron las críticas y me casé con ese chico en unos tres meses. Ahora pienso en el día de mi boda y recuerdo sentirme estupefacta al verme vestida de blanco y escuchar los primeros compases de la música. Me acuerdo que caminaba por el pasillo pensando: *Esto es un error enorme.* Sin embargo, ya había llegado tan lejos en ese momento, había avanzado tanto en la adoración del ídolo del control de daños, que ser una novia a la fuga solo habría perjudicado más mi reputación de chica favorita. Por lo tanto, completé mi recorrido.

No pasó mucho tiempo antes de que aquel flamante matrimonio se desmoronara. Éramos dos personas sumamente distintas, con metas y visiones diferentes para nuestras vidas. Ambos viajábamos de forma constante por separado, con giras y fechas de grabación diferentes. Nos habíamos mudado a la gran casa que yo había comprado en Nashville, y llegaba a casa después de haber estado en la carretera para descubrir que toda la banda de mi reciente marido vivía en nuestra casa. No teníamos tiempo para nuestra intimidad ni para construir una vida juntos antes de que yo volviera de nuevo a la carretera. Básicamente, no deshacía nunca la maleta. Vivía con mi maleta, estuviera en la casa de la que era propietaria o en el hotel. Finalmente, mi marido halló nuevos afectos y yo no luché siquiera por salvar el matrimonio. Terminé el juego, cerré el expediente y hui. Y esto provocó un nuevo cesto de limones agrios.

. . .

Hay una festividad del Antiguo Testamento con la cual me identifico. Se llama la Fiesta de los Tabernáculos o Succot. Aun hoy se celebra en las comunidades judías y también en algunas cristianas. Originalmente se presentó en las Escrituras como una experiencia de siete días, por lo general a principios del otoño. Las personas salían de sus casas y pasaban esa semana en tiendas. Debía ser un recordatorio del período de cuarenta años en el que los israelitas habitaron en tiendas en el desierto, cuando Dios los llevaba a la tierra prometida, y de su fidelidad cuando los introdujo en su nueva patria y tuvieron ciudades y casas donde vivir.

Una parte de la celebración de Succot en particular destaca para mí. Al pueblo se le ordenó que reuniera el fruto o las ramas de árboles específicos de la región y que los llevaran ante Dios:

> Y tomaréis el primer día ramas con fruto de árbol hermoso, ramas
> de palmeras, ramas de árboles frondosos, y sauces de los arroyos,
> y os regocijaréis delante de Jehová vuestro Dios por siete días.
> (Levítico 23.40, RVR1960)

Se entendía que el «fruto de árbol hermoso» era el fruto de un árbol en particular de la Tierra Santa. Este se llama *etrog*. La textura de su cáscara es de un brillante color amarillo. Constituye una especie de cítrico, de modo que tiene un sabor agrio. Es... agárrate bien... un tipo de limón. El pueblo ondeaba el *etrog* delante de Dios, junto con otras tres clases de plantas o ramas, cada día de Succot. Blandía aquel *etrog*, la versión del limón en Tierra Santa, para dar a entender que Dios es el Dios de la cosecha. Él es el que provee la sensación de hogar, bendice y dulcifica la vida.

En ese período de mi vida cuando estaba constantemente en la carretera, nunca deshacía mis maletas, sintiendo como si deambulara, intentando con desesperación decidir dónde aterrizar. Y estaba recogiendo *etrogs*, limones por el camino, pero en lugar de alzarlos hacia Dios, intentaba hacer lo que era agridulce. Estaba usando todas mis ideas y mis estrategias propias. Sin embargo, levantar algo delante de Dios, hacerlo ondear ante él, significa entregárselo.

¿Sientes como si estuvieras acampando fuera, sin vivir en realidad según el propósito central de tu vida? ¿Te parece que has estado recorriendo el mismo círculo a través del mismo conjunto de circunstancias, pero las cosas no mejoran? ¿Has intentado «resolver» las cosas y luchas para compensar una equivocación que llevó a otra, y a otra, y a otra? Hablo por experiencia: eso amarga la vida.

Tal vez sea hora de deshacer las maletas. Este podría ser el momento de agarrar esa valija de amargura con la que has estado cargando. Quizás es la hora de extenderlo todo ante Dios, confesar que has estado intentando arreglarlo todo, y dejar que sea él quien lo resuelva.

> Levantar algo delante de Dios, hacerlo *ondear ante él*, significa entregárselo.

* * *

¿Acepté aquel papel en la película porque perseguía una carrera más importante, una que pudiera incluir la actuación y pasar a un enfoque más amplio? Desde luego que sí. ¿Ignoré el consejo de mi madre y mi novio de aquel momento, Nic? Sí. ¿Me lancé por completo a un matrimonio apresurado y un divorcio inevitable que condujeron a que mi compañía discográfica dejara de contratarme? Sí, señora. Esa era yo. Meros limones de equivocaciones.

Sin embargo, Dios hizo limonada como resultado de toda aquella amargura mía.

Puedo decirte que uno de los otros actores de la película se burlaba de mí con dureza, y apenas me toleró durante todo el rodaje por la lista que como buena chica le exigí al director. Puedo decirte cómo esa misma persona se convirtió a Jesús años más tarde, y contactó conmigo para disculparse.

Puedo decirte cómo todas las repercusiones desde la gala de la película y mi intento de resolverlas me condujeron de regreso a Nic Gonzáles, aquel chico cuyo corazón había roto porque se atrevió a ser sincero conmigo con respecto a sus inquietudes. Puedo decirte que hoy no tendríamos la historia de amor de la que disfrutamos de no haber experimentado todo lo que vivimos.

Puedo decirte que todos aquellos acontecimientos provocaron un enorme reajuste en mi vida y la pasión renovada de compartir la bondad de Dios a través de la música y las películas.

No obstante, siento inquietud. Me preocupa que te suene a justificación.

Esto es lo que sé. Aunque todo salió bien, no tomé la decisión de hacer la película con mi corazón en el lugar correcto. Luché contra la fuerte oposición de mi madre y mi novio, dando por sentado que lo hacían por motivos egoístas, cuando me consumía el interés personal. Ellos querían lo mejor para mí, pero yo me dirigí al lugar de rodaje aquel primer día llena de rebeldía y resentimiento y diciéndome: «Ya les mostraré». Nos gusta prestarles oídos solo a quienes nos rodean y nos dicen lo que queremos escuchar, los que «creen» en nuestros sueños. Sin embargo, a veces aquellos que más nos aman podrían querernos lo suficiente como para poner algo agrio sobre la mesa. Y deberíamos tener en cuenta su opinión.

Y aquí viene lo raro con respecto a cómo funciona a veces la ecuación. A menudo rechazaremos las opiniones de nuestros seres más allegados. Y aceptaremos e intentaremos arreglar y manipular las opiniones de quienes nos observan de lejos, aquellos que se entrometen en las redes sociales o el «cuartel general de la compañía». Desde luego, eso es lo que yo he hecho en mi vida.

Pensé que la respuesta de Dios había sido afirmativa con respecto a la película; después de todo, me dieron el papel. En realidad no se me ocurrió que tal vez no había sido un sí de su parte, sino proveniente del enemigo. Es muy posible que la respuesta de Dios me estuviera llegando por medio de las personas y la familia que más me amaban, que mejor me conocían y podían prever cómo se recibiría esta película en la comunidad cristiana. Y no olvidemos que la comunidad cristiana es *mi* comunidad, mis hermanos y hermanas en Cristo. Sé que nos preocupamos mucho de juzgarnos unos a otros y de meter demasiado la nariz en los asuntos de los demás. Hasta Jesús nos advierte que nos aseguremos de prestar atención a la viga de nuestro propio ojo en lugar de centrarnos en la paja del ojo de nuestro hermano. Sin embargo, cuando damos lo mejor de nosotros, se supone que estamos ahí para apoyarnos mutuamente. Deberíamos hablarnos los unos a los otros, y ofrecer sabiduría, advertencia y consejo. Y Dios puede comunicarse a través de ello.

Hace poco, una amiga me preguntó si realmente, *realmente* pensaba que había sido un error hacer la película. Después de todo, mucha limonada buena y dulce en mi vida acabó saliendo por el otro lado de aquella decisión. Me había estado flagelando durante tanto tiempo que tuve que detenerme y pensar.

Y al fin y al cabo, todavía no sé cómo responder a su pregunta. ¡Había tanto ego, empuje e impulsividad, buena y mala voluntad envolviendo todo el asunto!

No obstante, sí sé una cosa: una vez que salí de la tienda de la vida desordenada en la que vivía y le entregué aquellos limones agrios a Dios, él le dio un nuevo propósito a toda la cuestión.

Sin importar cuál fuera el estado de mi corazón cuando me puse delante de aquella cámara. Sin importar lo que pensaran los demás con respecto al guion de la película y si a una cristiana se le había perdido algo en ella. Pienses lo que pienses de mi triste solución matrimonial. Cualesquiera fueran las consecuencias de estas decisiones, ya sea que alguien crea que eran merecidas o no. Sin tener en cuenta el fracaso o la fragilidad que yo le aportara a todo aquello. Dios le dio un nuevo propósito a todo el asunto de maneras que yo no hubiera podido idear por mí misma.

Esta es mi pregunta para ti. ¿Qué estás intentando arreglar en tu vida? ¿Qué cosas no están saliendo como planeaste y te están impulsando a hacer algo, lo que sea, para cambiar las opiniones de quienes te rodean?

Ahora bien, soy una persona de acción. No creo en quedarme sentada y esperar que las cosas cambien. Yo arremeto, empiezo a ponerles nombre a las cosas, a solucionar problemas y ponerme en movimiento. Esto es bueno. He conocido a muchas personas que ni siquiera se esfuerzan por intentar hacer cambios en sus vidas cuando las cosas no van bien. ¿Existe un tiempo de estar quieta y esperar en Dios? Por supuesto que sí. Pero muchas, muchas veces, Dios le indica a su pueblo que se ponga en pie, que se sacuda el polvo y se ocupe.

De modo que no estoy hablando de *no* poner las cosas en movimiento. Me estoy refiriendo a los *medios* por los cuales procuramos arreglar lo que experimentamos. Seguro tienes cosas en tu vida, oportunidades y desastres, algo dulce, algo agrio, en lo que estás necesitando progresar. No obstante, antes de que empieces a zambullirte, antes de empezar con tu propio intento y convertir lo agrio en dulce, quiero preguntarte algunas cosas.

DALE LA VUELTA AL GUION

Debo admitirlo, este capítulo ha sido uno de los más duros para mí. Me resulta difícil mirar en retrospectiva a este período de mi vida. Siento como si reviviera los errores, como si viviera de nuevo la vergüenza. Aquella chica que tomó aquellas decisiones, que cometió aquellas equivocaciones, no es la persona que sé que soy. Y, sin embargo, ella está ahí. Tal vez haya algunas cosas parecidas en tu vida. Complicadas de considerar. Más arduas de comentar. Y con todo, cuando podemos tener el valor de sacar esas cosas a la luz, pueden ser un estímulo, una advertencia, una sabiduría transparente para otra persona. Por ello quiero pedirte que seas valiente. Quiero pedirte que cuentes con prudencia la parte de tu historia que no concuerda con el guion de cómo desearías haber actuado, con la decisión que habrías querido tener. Y responde a estas preguntas: ¿Quién puede beneficiarse de los fallos y decisiones de tu vida? ¿Qué desearías que alguien hubiera compartido contigo sobre sus propios «limones»? ¿De qué forma puedes usar tu historia con valor y transparencia para ayudar a los demás?

- ¿Por qué sientes la necesidad de calmar a tus críticos? Esto fue importante para mí. De haber estado tan segura de mis decisiones en aquel tiempo, tal vez no habría actuado de manera tan intensa para intentar calmar a la gente. Al mirar en retrospectiva, puedo ver que tenía mis propias preocupaciones sobre mi camino. Quería tener toda clase de libertad para tomar aquellas decisiones, pero no deseaba pagar el precio que algunas de ellas exigirían, y esto significaba incluir a algunas personas que discrepaban conmigo. Cuando te muestras verdaderamente firme con respecto a una decisión, cuando en realidad es algo que Dios ha confirmado, acallar las críticas no tendrá importancia para ti. Yo considero el ejemplo de Jesús cuando tomó la senda inesperada de ser arrestado y después juzgado. De regreso al Jardín de Getsemaní, había decidido que seguiría el camino de Dios. Estaba tan seguro de ello que no se defendió, no se echó atrás ni luchó por justificarse. «Pero Jesús no respondió ni a una sola acusación, por lo que el gobernador se llenó de asombro» (Mateo 27.14).
- ¿Hasta dónde estás dispuesta a llegar para intentar ganar la aprobación? Yo había decidido obviamente hacer lo que fuera para intentar arreglar las cosas con las personas que estaban decepcionadas conmigo. Y esto condujo a toda una serie de problemas adicionales. ¿Qué has estado deseando hacer? ¿Meterte en deudas para intentar comprar la validación de las personas, llevar el bolso adecuado, conducir el auto apropiado, vivir en el

barrio correcto? ¿Salir con malas compañías? ¿Sumergirte en una gran sesión de cotilleo con tu grupo de mamás, porque son las que controlan la asociación de padres y maestros?

• Este es uno de los versículos al que necesito volver una y otra vez. Probablemente debería imprimirlo con un tipo de letra elegante y moderno sobre papel blanco y ponerlo en un marco negro flamante (por supuesto): «¿Qué busco con esto: ganarme la aprobación humana o la de Dios? ¿Piensan que procuro agradar a los demás? Si yo buscara agradar a otros, no sería siervo de Cristo» (Gálatas 1.10). Creo que este versículo puede evitarnos muchos problemas en lo tocante a intentar buscar tristes soluciones. Si lo echamos todo a perder, una dosis saludable de arrepentimiento y reconciliación con Dios es mucho más dulce que tapar el error propio con otro, y otro.

Seis

Reajustar el reloj

Fui a Londres, Inglaterra, para aprender español. Al menos, esa era mi razón oficial. Y desde luego que aprendí mucho de esa lengua mientras estuve allí, asistí a clases y estudié.

Sin embargo, también fui allí para esconderme. Mi divorcio intencionado estaba en curso. Mi intento de reparar por mí misma todo el asunto de «buena chica cristiana hace una película en Hollywood» había dejado ahora un cráter de impacto en mi reputación que superaba con creces cualquier restauración que yo pudiera realizar. Ya me había visto antes sobre suelo inestable con mi compañía discográfica durante el proceso del rodaje, lo cual no había hecho más que empeorar después del percance, una vez estrenada la película. Y ahora, después del trabajo de remiendo de «buena chica cristiana hace una película en Hollywood, se casa con un chico y se divorcia de él», ellos, bueno, declinaron que yo grabara otro álbum para ellos al final de mi contrato en vigor, una forma amable de explicar que me despidieron. Básicamente.

Lo entiendo. De verdad que sí. Habían invertido en una chica adolescente con una reputación brillante, que los padres habían adoptado como modelo a imitar para sus hijas. Y había sido eso mismo para ellos durante muchos años. Creía que lo era. Pensaba que todo ese esfuerzo y logro me identificaban. Sin embargo, había confundido mi reputación con mi carácter. Y cuando todo saltó por los aires, intenté reparar las cosas de un modo tras otro, hasta que el yeso y la pintura ya no pudieron sujetarse a la pared.

De modo que me fui a Londres. Obviamente, eso es lo que se hace cuando piensas que has destruido tu carrera en otro país. Arrancas las estacas de la tienda y estableces el campamento en otro lugar, sin tener en cuenta que llevas contigo aquello que inició todo el caos: tú.

Había estado unas cuantas veces en Londres y me gustaba. Cuando tenía diecisiete años, hice una gira europea sencillamente asombrosa. Mi grupo y yo pasamos mucho tiempo en Alemania, los Países Bajos e Inglaterra en aquella ocasión, y las multitudes eran increíbles. Regresé a Londres, donde tuve la oportunidad de trabajar con Martin Terefe, un compositor y productor legendario. Él había trabajado con Coldplay, Jason Mraz y muchos otros músicos increíbles. El tiempo que pasamos juntos trabajando en mi álbum *Beauty Has Grace* fue uno de los más extraordinarios de mi vida creativa. Aquel disco tenía un sonido más atrevido, más crudo para mí, y tuve que explorar de verdad más de mis profundidades artísticas. Crecí como artista durante esas semanas pasadas en Kensaltown Studios y capté cierta visión de la orientación que podría seguir como escritora y vocalista.

Durante la grabación del disco me alojé en el Hempel, ese hotel tan fabuloso junto a Hyde Park. Los interiores eran como a mí me gustan: largos vestíbulos blancos con amplios sofás blancos y enérgicos toques negros. Habitaciones con paredes limpias y austeras, camas sencillas y profundas bañeras. Todo muy minimalista, impecable, intencional y muy elegante. Yo llegaba luego de todo un día de colaboración creativa, remolinos de ideas y vertiginoso cansancio a ese oasis sereno, relajante, el complemento perfecto a las febriles horas previas de creación musical. Puedo considerar al Hempel como una enorme fuente de inspiración para el estilo de decoración de mi casa actual. Aquel álbum, la colaboración con Martin y la estancia en el Hempel fueron semillas que sirvieron para comprender más del designio para el cual Dios me creó, y no lo que habían hecho de mí quienes me rodeaban a lo largo de los años.

Dos años después, cuando todo se desmoronó en Estados Unidos, con mi reputación hecha pedazos y mi contrato de grabación que se había ido al garete, tuve el impulso de regresar a Londres, donde había sentido tan de cerca la posibilidad y el crecimiento. Además, allí nadie me conocía. Podría escapar de todas las explicaciones que tenía que dar en Estados Unidos.

Por lo tanto, vendí aquella grande y vieja casa de soltera de Nashville, todas mis cosas y los muebles bonitos. Compré un billete de avión. Y hui.

Préstame atención. Cuando digo que hui, no estoy bromeando. Entré en FindaFlatmate.com (al menos creo que se llamaba así), un lugar en línea para conectarte con otras personas que buscaban compartir un lugar donde vivir en las caras ciudades europeas. O posiblemente una forma extraordinaria de que se escribiera una película como *Búsqueda implacable* (en Hispanoamérica) o *Venganza* (en España) sobre tu experiencia. De todos modos, fui por ello sin importarme los peligros cibernéticos. Y así fue cómo encontré a mi divertidísima compañera de piso, escocesa y de espíritu libre. Compartimos un apartamento en Notting Hill. Sí. Ese Notting Hill de la famosa película de Hugh Grant y Julia Roberts. No te olvides de que yo tenía esa obsesión del cine. De modo que estaba en un departamento de ese barrio (¿por qué resulta mucho más encantadora y sofisticada la palabra *departamento* que *piso* o *estudio*?) con alguien que era prácticamente una extraña para mí y que conocí de forma virtual. Si uno de mis hijos me dijera que va a tomar un avión y encontrar a un compañero de piso en la Internet, me daría un ataque cardíaco. Debo decir, a favor de mi madre, que ella mantuvo todas sus objeciones al mínimo. Esta decisión sería lo más valiente o lo más estúpido que hubiera hecho nunca.

¿Me asustaba ir? Desde luego que sí. Sin embargo, le temía más a quedarme. Me daba pavor cometer más errores al alcance del ojo público. Tenía miedo de intentar otra idea del tipo «resuélvelo tú misma» que lo empeorara todo. Miedo de tropezarme con personas que conocieran a mi antiguo marido y tener que procurar explicarlo todo de nuevo. Miedo a fracasar más ante la gente.

Asumí el riesgo de mi fracaso en privado y confié en FindaFlatmate.

Era aterrador y a la vez libertador.

Estaba sola. No aislada, sino sola.

Desconocía que hubiera una diferencia entre ambas cosas, pero estaba aprendiéndolo. Desde mi adolescencia, siempre había tenido novio. Muchas de estas relaciones eran amores juveniles, una clase de encuentros cariñosos de adolescentes, pero yo había vivido en un ciclo constante de ser perseguida, atrapada, enferma de amor, encantada, desencantada, con el corazón roto, perseguida de nuevo, una y otra vez. Asumí una parte inmensa de mi identidad a partir del lugar donde me encontraba en el círculo en cuestión en cualquier momento. De novio en novio, de relación en relación. Y no solo era aquello del romance constante. Me habían supervisado, mimado, gobernado, programado, apaciguado, empujado, malcriado, aplacado y manipulado desde el momento en que subí al escenario por primera vez. Eso no había hecho más que acelerarse conforme se vendían los discos y los contratos se hacían más importantes, y a medida que cada vez más y más personas dependían de mí para trabajar y recibir su sueldo.

Cuando me encontraba en la cumbre de mi carrera, un día típico implicaba un esfuerzo total desde el amanecer hasta el anochecer.

Mientras estábamos de gira por carretera, me despertaban temprano para lanzarme a las entrevistas radiofónicas en apoyo a las fechas próximas de los conciertos. Tras unas cuantas rondas de conversaciones, hacía una breve pausa, realizaba algunas tareas escolares, y de nuevo a empezar con las entrevistas telefónicas para las revistas y los periódicos. Durante este tiempo, conducíamos hasta el escenario siguiente, nos establecíamos y llegaba la hora de los ensayos y la comprobación del sonido. Una vez que acabábamos con esto, engullía una comida rápida, pasaba a peluquería y maquillaje, y llegaba el momento de subir a escena. Daba por terminado el espectáculo, me encontraba con las personas y las saludaba, me relajaba tras la actuación, caía en la cama del hotel o en la litera del autobús de gira, y todo volvía a empezar a la mañana siguiente. No sabía lo que era tener tiempo privado ni ser yo misma. Todo mi mundo se desarrollaba en presencia de los demás, ya fuera con los más allegados o con quienes recorrían kilómetros y compraban entradas para estar cerca de mí.

No fue lo mismo en Londres, donde curé mis heridas, mi compañera de piso escocesa era graciosa y divertida... y no podía interesarle menos el personaje estadounidense que yo fuera. No había oído hablar de mí y, francamente, le importaba un bledo. Ella no había firmado un contrato para ser mi mejor amiga; simplemente estábamos colaborando para que nos resultara más asequible a las dos pagar un apartamento en Londres. Ella tenía una relación con un tipo, un trabajo y su propio conjunto de amigos. Nos llevábamos bien, pero no me necesitaba para llenar vacío alguno en su vida, excepto asegurarse de que yo pagara mi parte de la renta a tiempo y sacara la basura cuando me tocaba. Aquellos primeros meses en Londres no conocí realmente a nadie. Comía sola, iba sola al supermercado, tomaba el metro sola y estudiaba sola.

Estudiaba, porque no te olvides que había venido a Londres a escapar, sí, pero también a aprender español. Es algo perfectamente normal, ¿verdad? Ir a la madre patria del inglés a aprender español.

Sin embargo, allí hay una gran escuela de español, y yo quería ganar fluidez en dicho idioma. No me crié en un hogar donde se hablara español, aunque mi familia tuviera un apellido hispano. Cuando me propusieron por primera vez que grabara un álbum de fusión de idiomas tenía dieciocho años, y me lancé a pies juntillas a aprender rápidamente el español coloquial. Para mi sorpresa, era capaz de captar elementos del lenguaje con relativa facilidad. Cuando los reporteros y personalidades de los medios españoles me entrevistaban, eran muy amables conmigo mientras reflexionaba y titubeaba para elegir las palabras correctas. Todos habían sido muy benévolos. No obstante, en este punto de mi hundida carrera, parecía que el pop latino podría ser el único camino abierto para mí: la audiencia que no había juzgado que yo apareciera en el filme y a quien no le importaba demasiado mi primer matrimonio fallido. De modo que quería asegurarme de aprovechar la mejor oportunidad para poder comunicarme, leer, bromear y escribir con mayor habilidad en español. Y por ese motivo acudía a las clases. Estudié. Aprendí.

Y no solo aprendí a hablar un mejor español, sino que también aprendí a estar sola. Sobre todo, a estar sola con Dios.

¡Mi relación con él había sido tan pública! La adoración que las personas percibían en mi voz cuando cantaba, la expresividad que usaba en el escenario para transmitir las letras, las entrevistas que había dado con respecto a mi elección de permanecer virgen hasta el matrimonio para honrar a Dios, todas esas cosas eran sinceras, pero también las vieron, las escucharon y las leyeron muchas otras personas. Ahora, en Londres, lejos de aquellas experiencias más públicas, tenía tiempo de estar con Dios de un modo totalmente nuevo. Sí, yo era un desastre, y buscaba, fallaba, luchaba y me revolvía, pero ahora solo era un asunto entre Dios y yo, sin comentarios en las redes, sin emisoras de radio que hicieran sonar mis canciones o las quitaran de sus listas de reproducción. Me apoyaba en él de una forma nueva, que no dependía de la actuación ni de la reputación.

Durante mucho tiempo, el tiempo había sido aquello contra lo que me había peleado, lo que había perseguido, intentando abarcar más cosas en un mismo día, más grabaciones, más fechas de giras, más trabajo en el mundillo del modelaje y la publicidad, más, más, más. El tiempo volaba y se arremolinaba bajo las ruedas del autobús de gira y a través de los motores de los aviones en los que parecía encontrarme constantemente. Apresurada y agobiada, lidiaba contra las manecillas del reloj.

Ahora, el tiempo transcurría lento, sin prisas. Yo seguía haciendo intentos: viajes a Singapur o Argentina para actuar. Sin embargo, no estaba continuamente en la carretera. Tenía tiempo para leer. Tiempo para pasear. Tiempo para deambular. Tiempo para hacerme preguntas. Tiempo para darme una vuelta por los museos. Tiempo para sentarme y observar cómo se deslizaba el Támesis siguiendo sus antiguas orillas; tiempo para contemplar las encinas inglesas que empezaban a cambiar de color poco a poco en septiembre y en octubre entraban en lo que los británicos denominan «el teñido completo», esa llamarada de rojos y dorados.

Dios le estaba dando un nuevo propósito al tiempo para mí, mostrándome sombras del Sabbat al ralentizar mis estaciones.

Así que aprendí español en Londres. Y a cocinar. Y a ser de nuevo una hija, tanto para mi madre como para el Rey.

Londres se encuentra a seis horas de Nashville. Y en este nuevo período mío a solas, necesité aprender a cuidarme. De modo que un poco antes de la hora londinense de la cena llamaba por Skype a mi madre, un poco antes de la hora de comer el almuerzo en Nashville. A través de esa señal de audio y vídeo poco nítida, mi madre me guiaba y me mostraba cómo preparar varias recetas.

Dios le estaba dando un nuevo propósito al tiempo que compartía con mi madre y nos permitía disfrutar de un momento entre madre e hija, mientras una mamá le enseñaba a cocinar a su hija, a manejarse en la cocina. Era el tiempo del que no habíamos dispuesto cuando yo crecía, porque íbamos viajando de ciudad en ciudad y comiendo los guisados bienintencionados de las señoras de cualquier iglesia en la que estuviéramos cantando. A continuación, a medida que llegaban los contratos de grabación y mi horario y mi carrera se convertían en el centro de la vida familiar, ya no había quedado tiempo para interactuar como madre e hija; en esos momentos éramos representante y talento. No había quedado tiempo para aprender y recibir de mi madre las destrezas y la especie de herencia llena de sabiduría de conformar un hogar.

Luego mis padres se divorciaron. En los meses que condujeron a este acontecimiento y en medio de las secuelas de lo que significaba en nuestra vida familiar, había tenido que crecer rápido. Me convertí en la pacificadora de la familia, además de ser la que traía el pan a casa. Aquel período había desplazado lo que para la mayoría es el momento de independizarse del hogar paterno a fin de vivir las primeras etapas de su vida adulta. El divorcio de mis padres catapultó mis relaciones con ellos a un territorio extraño, mientras ambos pasaban por el proceso e intentaban sanar.

Sin embargo, ahora, desde el otro lado del océano y con seis horas de luz de diferencia entre nosotras, Dios estaba dándole un nuevo propósito al tiempo y reajustando el reloj.

Dios nos estaba devolviendo ese tiempo a mí y a mi madre para que nos conectáramos, para que ella me pasara recetas. Un tiempo para conversar sobre algo totalmente ajeno a mi música, mis elecciones y mi carrera. Él me estaba mostrando cómo reiniciar el tiempo de forma literal, ya que la diferencia horaria entre Londres y Nashville creaba momentos poderosos para la relación entre nosotras. Nos separaba un océano, pero los husos horarios nos estaban reuniendo en nuestra relación. Dios estaba usando esta diferencia literal de tiempo entre ambos continentes para permitirnos tener una nueva época.

Nos conectábamos a diario en línea. Ella me daba algunas ideas para las comidas siguientes. Me sugería artículos para incluir en mi lista de la compra. Me guiaba paso a paso en la elaboración de los platos, me mostraba las técnicas que usaba para cortar, saltear, sazonar y hornear. Me contaba historias ocultas tras algunas de las recetas, las cuales le habían transmitido su madre o su abuela. Me explicaba cómo encontrar los mejores ingredientes, con qué debía tener cuidado en un plato. Aunque había vivido con ella durante años, ahora se me concedía el tiempo para conocerla mejor, a un nivel más profundo, a través de nuestras computadoras y aquellos vídeos pixelados.

Hay un pasaje de las Escrituras que se suele citar en conjunto, pero creo que es por la profundidad con la que resuena en nosotros debido al vislumbre que tenemos de Dios, al que le pertenece el tiempo y quien lo usa para nuestro bien. Cuando el rey Salomón revisaba las páginas de su vida, reflexionó sobre el propósito del tiempo y las etapas de nuestra vida. Él escribió:

Todo tiene su momento oportuno; hay un tiempo para todo lo que se hace bajo el cielo: un tiempo para nacer, y un tiempo para morir; un tiempo para plantar, y un tiempo para cosechar; un tiempo para matar, y un tiempo para sanar; un tiempo para destruir, y un tiempo para construir; un tiempo para llorar, y un tiempo para reír; un tiempo para estar de luto, y un tiempo para saltar de gusto; un tiempo para esparcir piedras, y un tiempo para recogerlas; un tiempo para abrazarse, y un tiempo para despedirse; un tiempo para intentar, y un tiempo para desistir; un tiempo para guardar, y un tiempo para desechar; un tiempo para rasgar, y un tiempo para coser; un tiempo para callar, y un tiempo para hablar; un tiempo para amar, y un tiempo para odiar; un tiempo para la guerra, y un tiempo para la paz. (Eclesiastés 3.1-8)

Un tiempo para Skype y un tiempo para cocinar.
¡Alabado sea el Dios que reajusta el tiempo!

• • •

El año que pasé en Londres llegaba a su fin. Había algo en el horizonte de lo que me tenía que ocupar. Cuando mi primer matrimonio iba directo al precipicio, cuando las fechas de las giras fueron disminuyendo tras el estreno de *Un amante para tres,* los doctores habían descubierto que tenía pólipos en mis cuerdas vocales. Estos son algo bastante corriente entre los cantantes y aparecen cuando has abusado de tu voz o has estado cantando demasiado de un modo que estresa las cuerdas vocales. Es como cuando te haces un callo en el pie por el roce de esos zapatos de tacón que te encanta ponerte una y otra vez, pero ellos no te devuelven el cariño. En las cuerdas vocales, esos callos pueden hacer que la voz suene más ronca y empezar a limitarte el registro, o hacer que tu voz se quiebre en el momento más inoportuno en medio de una canción. Mi doctor me había recomendado una operación quirúrgica para eliminar los pólipos incluso antes de salir para Londres, pero yo lo pospuse, sintiendo que había demasiadas cosas más urgentes y en modo crisis.

No obstante, ahora había llegado la hora de volver a casa. Era el momento de enfrentarme a aquello de lo que había huido. Tocaba determinar los pasos siguientes y quién quería ser.

Regresé a Estados Unidos a finales del otoño y concerté una cita para la operación. Parecía que todo alrededor de mi carrera de cantante estaba en peligro. Desde mi reputación deteriorada hasta la verdadera salud de mi garganta, todo estaba en la cuerda floja. Sabía que la operación conllevaba riesgos, y el mayor de ellos era que acabara con un daño permanente en mis cuerdas vocales, que nunca sonaran igual o no volviera a cantar del mismo modo. Sin embargo, el peligro de no pasar por el quirófano era más relevante, de modo que me preparé para someterme al procedimiento.

Aquellos meses en Londres, conversando con mi madre en línea, volvieron a tener relevancia cuando me operaron. Quería estar con mi mamá. Quería que ella cuidara de mí. Quería estar en su casa, que me preparara los batidos de frutas y los alimentos blandos, y ser sencillamente su niñita. Y ella me dio todo eso. Tras la operación, me encerré en casa de mi madre y me agazapé allí durante las ocho semanas de un voto obligatorio de silencio.

Me gustaría confesarte que aproveché ese tiempo de una forma muy espiritual, que encontré algo místico y profundo en guardar silencio por primera vez en mi vida, que salí de aquello con una revelación enorme con respecto a permanecer sin pronunciar palabra. Que aprendí una nueva forma de escuchar. Sin embargo, sería mentira. En cambio, vi películas. Ya sé que ahora estás perpleja. ¿Qué me dices, Jaci? ¿Tú? ¿Viste toneladas de películas?

Mira, yo no soy nada sin mi marca.

No obstante, esta fue otra forma en que Dios reajustaba el tiempo. Desde que era pequeña, gran parte de mi mérito había quedado envuelto en el sonido que pudiera producir. Había asociado mi valor con el don de comunicación vocal que Dios me había dado. Pero ahora no era capaz de emitir sonido alguno. Ni una palabra. Y ni siquiera estaba haciendo algo asombroso con ese tiempo, sino simplemente viendo una y otra vez películas como *Lo que el viento se llevó*.

Y adivina una cosa.

Dios seguía amándome. Todavía proveía para mí. Yo no tenía nada que demostrarle. Y su gracia fue suficiente para dejarme sanar en silencio. Tuve que regresar al punto de ser una bebé en su presencia, sin nada que ofrecer, solo comiendo, durmiendo y recibiendo los cuidados de mi mamá. No tenía ocurrencias ingeniosas que decir ni canción que cantar. Solo comía helado, veía películas y dejaba pasar el tiempo. Aprendí a dejar que los instantes transcurrieran simplemente. Estar ansiosa queriendo que aquellas semanas de recuperación pasaran con rapidez no haría que el tiempo fluyera más aprisa. Había belleza en permitir que el tiempo *corriera*. Sin necesidad de perseguirlo, administrarlo o pelear contra él. Solo escuchar su tictac. Y sanar.

• • •

Dios reajusta el tiempo de vez en cuando. ¿Ves lo que yo hice en ese momento? Pero él actúa así. Para su propósito.

Josué era un guerrero. Él y Caleb fueron los dos espías que inspeccionaron la tierra prometida y decidieron que con una fe de machos podían vencer a los gigantes que vivían allí. Los otros diez que los acompañaron no tenían esto tan claro. Tanto que afirmaron que resultaba imposible. Sin embargo, Josué y Caleb vieron una posibilidad tras años de deambular por el desierto, y Josué no se iba a echar atrás. Él había estado derrotando a muchos enemigos y labrándose una reputación luego de entrar en la tierra prometida de Canaán, y había puesto nerviosos a muchos reyes de la zona. Cuando un grupo en particular de monarcas escuchó que podría ir en su dirección, ellos decidieron hacer una alianza y crear un superejército para intentar armarse de valor contra Josué. Todo alcanzó su apogeo cuando los ejércitos empezaron a luchar. Pelearon durante todo el día, y después ocurrió algo asombroso.

> Josué le dijo al Señor en presencia de todo el pueblo: «Sol, detente en Gabaón, luna, párate sobre Ayalón». El sol se detuvo y la luna se paró, hasta que Israel se vengó de sus adversarios. Esto está escrito en el libro de Jaser. Y, en efecto, el sol se detuvo en el cenit y no se movió de allí por casi un día entero. Nunca antes ni después ha habido un día como aquel; fue el día en que el Señor obedeció la orden de un ser humano. ¡No cabe duda de que el Señor estaba peleando por Israel!. (Josué 10.12-14)

Algunas personas afirman que fue un eclipse; otras tienen distintas explicaciones. Esto es lo que yo sé: Dios dio un nuevo propósito al tiempo para que Josué pudiera vencer a sus enemigos.

Y creo que él puede hacerlo por nosotros cuando estamos luchando para vivir nuestro propósito, cuando somos retadas. Es probable que no se trate de alguna cosa cósmica extraordinaria en la galaxia como en el caso de Josué, pero puede moldearlo todo y mezclarlo de maneras que no podemos entender.

Salmos 90.4 provee algunas pistas sobre Dios y el tiempo. Este declara: «Mil años, para ti, son como el día de ayer, que ya pasó; son como unas cuantas horas de la noche». A lo largo de toda la Biblia puedo encontrar lugares donde las personas pensaron que Dios estaba tardando demasiado. Y hay otros donde aparece de repente. Y esto no siempre encaja con mi idea del tiempo que las cosas deberían tomar o con cuánta celeridad quiero las respuestas.

No obstante, al fin y al cabo, él gobierna el reloj. Y su tiempo es perfecto.

• • •

¿De qué se trata en tu caso? ¿Sientes que Dios tarda en contestar tus oraciones? ¿Te parece que se está tomando su tiempo y eso te hace dudar de que acabe apareciendo? ¿O acaso estás intentando apresurarte durante un período de pruebas y procuras ponerle fin y hacerlo a un lado? Lo entiendo. De verdad que sí. Sin embargo, puede ocurrir algo hermoso si solo nos sometemos al ritmo que Dios está marcando: esto pone el reloj de nuevo en su lugar correcto, no como amo nuestro. Y tienes que comprender algo: no nos compete a nosotros dominar el tiempo. Dios *trasciende* el tiempo. Él es el dueño de todo lo que hace tictac. Y cuando podamos llegar a ese lugar, donde no persigamos las horas ni ellas a nosotras, podremos aceptar y disfrutar en el sitio que Dios tiene para nosotras lo que nos esté enseñando en este momento, en este día.

En ocasiones, como para Josué, la luz del día se extenderá sobre una batalla. He formulado la pregunta, y es muy probable que tú también: *¿Señor, podemos ponerle punto final a esto? Es decir, esta cosa de una superluz del día que nos da tiempo es genial y todo eso, pero, en serio. ¿No podemos acabar con ello?* Sin embargo, entonces

Tienes que comprender algo: no nos compete a nosotros dominar el tiempo. Dios *trasciende* el tiempo. Él es el dueño de todo lo que hace tictac.

• • •

considero cuánto más pudo resistir Josué durante ese reajuste del tiempo. Observo cuánto aprendió en esa larga jornada. Me siento alentada por el hecho de que permaneciera en la batalla todo lo que esta duró, y Dios proveyó la luz para que lo hiciera. Josué le pidió al dueño del reloj que alterara el tiempo para un propósito mayor. Y Dios lo hizo.

Fui a Londres para aprender español. Regresé a casa para aprender a guardar silencio. Y en todo el proceso, aprendí lo siguiente:

> Mi vida entera está en tus manos.
> SALMOS 31.15

Y tú, amiga mía, puedes aprender esto también. Deja de mirar el reloj. Y observa lo que Dios hará.

DALE LA VUELTA AL GUION

- ¿Sientes que siempre estás luchando contra el reloj? ¿Qué subyace a esto? ¿A qué le tienes miedo? Vivimos en una cultura que nos hace pensar que tenemos que lograr ciertas cosas en ciertos momentos o habremos errado el tiro. Sin embargo, ¿es esto verdad?

- ¿Qué tesoros has ganado en un tiempo de espera? ¿Cuáles fueron tus emociones durante ese período? Yo solía odiar, odiar, odiar tener que esperar en la consulta del dentista o en el aeropuerto. No obstante, estoy intentando aguantarme. Estoy procurando ver esto como un tiempo «encontrado», la oportunidad de leer ese libro que hasta ahora no he podido, la oportunidad de sentarme sencillamente y vivir el momento. ¿Cómo podrías cambiar tu forma de considerar el tiempo de espera?

- ¿A qué momentos de tu vida puedes mirar ahora en retrospectiva y ver que Dios tenía algo que hacer totalmente distinto a lo que tú creías? ¿De qué manera le dio Dios un nuevo propósito a ese tiempo para ti?

Nunca es demasiado tarde

En el momento oportuno

Estaba sentada en el inodoro.

Así es como deberían empezar todas las historias de grandes romances. ¿No lo crees?

Sin embargo, es la verdad. Te lo aseguro. Y mi teléfono móvil comenzó a sonar. El código del área era 512, y no aparecía como uno de mis contactos. Por poco ni contesto. No obstante, lo hice. Solo conocía a una persona cuyo número tuviera dicho código de área. Y hacía muchísimo tiempo que habíamos dejado de hablarnos. Pero por si acaso, respondí.

Y esto fue lo que escuché: «¿Cuándo vas a abandonar a todos esos chicos malos para volver conmigo?». Y a continuación escuché una risa muy familiar. Era Nic Gonzáles, el chico a quien le había roto el corazón luego de hacer *Un amante para tres*.

Me encontraba en Florida, a punto de subir al escenario para cantar en un festival. Había pasado por la operación de mis cuerdas vocales y sanado bien, casi sin cambio en mi tono y mi calidad de voz. Aunque desconocía cuándo volvería a grabar o si lo haría, seguía recibiendo la oportunidad de cantar en diversos acontecimientos y festivales, de ahí este viaje en particular a Florida. Nic había estado tocando en el mismo lugar, pero un par de días antes. Había visto mi nombre en las carteleras y decidió hacerme una llamada. Él ya había regresado a su casa, en Austin, pero sabía que yo seguiría allí para el espectáculo. Éramos dos barcos en la oscuridad en aquella fecha de nuestra actuación, como lo habíamos sido durante varios años. Dos personas que se limitaban sencillamente a echarse de menos el uno al otro.

Pensé que era un poco raro que me llamara. Sí, fantástico y todo lo que quieras, pero extraño. Después de todo, la cosa no había acabado bien entre nosotros. No era solo por la ruptura. La última vez que lo había tenido cerca, después de romper nuestra relación y casarme, habíamos tenido un encuentro vergonzoso.

Yo había estado intentando rescatar mi carrera en la música cristiana contemporánea después de todas las críticas por la película, y seguía pensando que tal vez mi boda resolvería el problema. Se organizó una gira para mí, un tour de tres meses por múltiples estados. Los organizadores habían dispuesto que un par de grupos abrieran los eventos en cada fecha, y uno de ellos era —agárrate bien— Salvador.

Sí. El grupo de Nic. El conjunto del que él era vocalista. *Ese* grupo. El de mi antiguo novio. Ese.

Lo sé. Dejemos que todo esto salga de nuestros sistemas con un gruñido colectivo.

Sabía que resultaría un poco difícil, pero de cierta manera tampoco pensé que sería gran cosa. Tenía muchos pretendientes. Estaba segura de encontrármelos de vez en cuando. Y ahora era una mujer casada, de modo que lo más probable es que todos hubieran seguido con su vida. Como si tal cosa, ¿verdad?

Así que allí estábamos en una gira juntos, pocos años después y con mi reciente matrimonio interponiéndose entre ambos. A mí no me molestaba en absoluto estar cerca de Nic. Era algo... neutral. Sin embargo, cuando la gira empezó, había algo que no podía entender.

Fue grosero conmigo. Quiero decir, totalmente maleducado.

Al final de cada concierto, se suponía que todos los miembros de cada grupo subían al escenario y cantaban mi última canción conmigo. Nic siempre encontraba una razón para no hacerlo. Si nos encontrábamos en el salón comedor, actuaba como si no me viera. Si le hablaba, pasaba de largo y ni me contestaba, como si no me oyera, como si yo no estuviera allí. Me ignoraba, me evitaba, y por lo general me miraba con esa mirada vacía, aunque ambivalente. Esto era extraño. Y rudo. ¡Después de todo, aquella era *mi* gira! ¡Yo era la artista principal! ¡Vaya!

Bueno, está bien. Decidí seguir siendo yo misma y que se las apañara. (Más tarde me enteraría de que lo que había interpretado como «grosero» era en realidad un respeto extremadamente noble. Pero pasaría mucho tiempo antes de que yo lo descubriera).

La gira no llegó a los tres meses. Todo se tambaleaba. Los organizadores se echaban atrás en una ciudad tras otra, las repercusiones de mi papel en la película y mi polémico matrimonio vertían dudas sobre los planes mejor ideados. En las fechas que actuábamos no asistía la gente que esperábamos. Sencillamente la gira no estaba funcionando, y la reacción a mi participación en el filme y a mi boda a toda prisa era peor de lo que mis directores y yo habíamos esperado. Aguantamos alrededor de un mes o un poco más, pero después todas las fechas se cancelaron. Tuvimos que finalizar la gira antes de lo previsto, de manera que Nic y yo volvimos a separarnos con el amargo sabor de un tour fallido que añadir a la embarazosa situación.

Tres años habían transcurrido desde que lo vi por última vez, casi cinco años desde que rompí con él. ¿Por qué razón me llamaba ahora?

«¿Puedo invitarte a cenar?», me preguntó.

Hmm, de acuerdo.

«Bueno, es evidente que no estoy en Nashville ahora mismo», le dije. «Y tú estás en Austin. Mañana regresaré a casa. Así que... ¿te parece bien mañana por la noche?».

Pude percibir la sonrisa de Nic a través de la señal del móvil. «No puedo estar ahí mañana, pero sí el martes. ¿Te parece bien?».

Acepté, conversé con él durante un par de minutos más y colgué. Bueno, eso fue *interesante*.

Se apareció en Nashville el martes siguiente, me llevó a cenar, me hizo reír, me puso al día sobre su vida. Fue agradable.

Agradable. Pero no saltaron chispas. Solo era el bueno de Nic. Nic y Jaci, saliendo a cenar como amigos, dos viejos conocidos poniéndose al día. Tomó un avión de vuelta a Austin. Eso fue todo.

Y entonces volvió a llamar. Y se apareció de nuevo. Y me llevó otra vez a cenar.

Bueno. Por mí está bien. Lo que quiera que sea.

Y otra vez más.

No obstante, yo lo mantenía a distancia. Aun con el tiempo que pasé en Londres, incluso habiendo ganado algo de perspectiva y humildad, no pensaba que enamorarme fuera una opción del menú para mí durante un tiempo. Yo seguía intentando dilucidar qué hacer con el camino pedregoso de mi carrera. Acababa de someterme a una importante operación de garganta. Y, después de todo, no sentía por Nic lo que él parecía sentir por mí.

Hasta que...

Nic se presentó de nuevo en Nashville un fin de semana. Imaginé que sería una visita como las anteriores, una cena agradable, un poco de cháchara y luego él regresaría a Texas. Estábamos sentados en un restaurante genial de Nashville llamado Tayst. Después lo cerraron, pero era uno de mis lugares favoritos, un sitio pequeño con un toldo de color chocolate oscuro y claro a rayas en la fachada del edificio, cerca del centro. Contaba tan solo con unas pocas mesas y ofrecía un menú exquisito, un montón de platillos con creaciones culinarias que parecían piezas de arte del tamaño de un plato. Ya llevábamos algún tiempo viéndonos; Nic volaba desde Austin para invitarme a cenar y verme. Yo disfrutaba del tiempo que pasábamos juntos, pero seguía sin pensar que aquello fuera a llegar a alguna parte, al menos en lo que respectaba a mí. Tenía una gran cantidad de razones por las que me parecía que la amistad entre Nic y yo no iría más allá.

Fue entonces cuando Dios secuestró mi corazón.

Bueno, Dios y las ridículas pestañas de Nic. Eran como aquellas que consiguen tener las mujeres tras pagar mucho dinero por unas extensiones. Esas que te cuestan un dineral. A Nic sencillamente le crecen. Justo al borde de los párpados. *¡Y gratis! ¡Grrrr...!* Y sabe cómo usarlas conmigo.

De modo que allí estábamos, cenando como amigos en Tayst. Conversábamos, yo le contaba historias, Nic reía y añadía algunas vivencias suyas, mirándome con ese movimiento de pestañas. De manera varonil. Pero aun así.

De repente, ocurrió. La chispa. La conexión. El momento. Sencillamente conectamos de un modo que yo nunca antes había sentido. Todo se volvió claro. Pude verlo. Percibí cuál había sido la intención de Dios todo el tiempo.

Estaba escrito que yo estuviera con ese hombre, aquel que me había amado y había orado por mí, me había dejado ir y después estuvo dispuesto a expresar de nuevo lo que sentía.

¿Quién actúa así?

Nic me amaba con la clase de amor que no renuncia. Me amaba lo suficiente como para cuestionarme con respecto a mis cosas. Lo suficiente como para permitirme romper con él por ello. Lo suficiente para quererme por completo cuando lo único a lo que yo estaba dispuesta a arriesgarme era a sentir una pequeña atracción hacia él. Lo suficiente para ser frío conmigo cuando mi primer matrimonio me convertía en algo prohibido. Lo suficiente para tragarse su orgullo y llamarme de repente cuando yo era una mercancía dañada a los ojos del mundo, cuando yo no tenía nada que ofrecer.

Sentados en aquel restaurante, en una de aquellas pequeñas mesas del único pasillo del salón, con las servilletas de color marrón chocolate sobre el regazo, mientras nos traían pequeños platillos de bocaditos bien presentados al compás de una coreografía bien sincronizada, caí rendida. De manera irrefutable. Así, sin más. Fui la primera en sorprenderme.

Ahora puedo mirar en retrospectiva y comprobarlo. Nic siempre había representado un lugar aterrador para mí. No su persona. Siempre ha sido una roca, un lugar de seguridad y descanso. No obstante, también es valiente y me amaba más allá de los elogios y los contratos de grabación. Él tenía seguridad en sí mismo y su propia carrera musical. Había estado dispuesto a decirme lo que yo no quería oír. Era la persona que muchos de los que pertenecían a mi mundo habían visto adecuada para mí. Sin embargo, aquello significaría que yo no ostentaba el control, y eso era lo único que ansiaba.

> Estaba escrito que yo estuviera *con ese hombre*, aquel que me había amado y había orado por mí, me había dejado ir y después estuvo dispuesto a expresar de nuevo lo que sentía.

En ocasiones, el mayor acto de valentía es rendirse.

Para amar a Nic, tenía que liberarme de aquel deseo de controlar, aquella avaricia de ser quien dirigiera la orquesta de los diversos intérpretes de mi vida. Para amar a Nic, tenía que renunciar a intentar modelarlo, conformarlo a mí. Creo que, en lo profundo de mi ser, sabía que él no permitiría que aquello sucediera en modo alguno, pero era importante para Nic que fuera una decisión consciente de mi parte, que lo aceptara por lo que él era y no intentara constantemente adaptarlo a mí. Yo tenía que aprender a ver la belleza de apoyarme en la totalidad de quien alguien era, no en lo que pudiera hacer por mí ni en el papel que pudiera jugar en mi vida, sino debía construir una vida con él, poner la totalidad de cada uno de nosotros sobre la mesa.

Cuando nos han herido, cuando la vida nos ha golpeado, nos hacemos toda clase de promesas a nosotras mismas, ¿verdad?

«No dejaré que nadie me vuelva a herir».
«Jamás confiaré de nuevo en alguien».
«Nunca me expondré así otra vez».

Luchamos por lo que percibimos como control, porque nos parece que perderlo es lo que nos ha herido. Pero en realidad, controlar no tiene nada que ver con el control, sino con el temor. Eso es lo que he estado aprendiendo recientemente en mi estudio bíblico matinal con algunas chicas de mi barrio. En el centro mismo de todo aquel control que yo ejercía con desesperación —desde intentar controlar a quienes me rodeaban para tomar decisiones polémicas en mi carrera, procurar arreglar los desastres que provocaba, hasta decidir evitar otros ejerciendo mayor control sobre mis nuevas relaciones y mis elecciones profesionales— en el fondo de todo ello, había temor.

Hoy sigo peleando con esas tendencias. No obstante, Dios le está dando un nuevo propósito a ese sentimiento para mí. Cuando siento aumentar la sensación de pánico, cuando estoy en ese lugar donde quiero aferrarme al volante de la vida, empezar a regañar a las personas y aislarme, sé que él me está recordando que me apoye. Me está enseñando que los sentimientos pueden ser la señal de que, en realidad, me estoy sintiendo vulnerable y no poderosa. Y me susurra de nuevo que, en él, no existe el «demasiado tarde». Después de todo, Dios me propuso todo este concepto general del tiempo. Y es el único que tiene que decidir cuándo el tiempo se ha acabado. Solo cuenta cuando declare: «¡Se acabó!». Mientras nos mantenga a ti y a mí aquí, sigue habiendo tiempo.

Una vez que todo encajó para Nic y para mí, el tiempo voló. Transcurrió de verdad a toda velocidad. En unos pocos meses, las cosas se formalizaron. Se volvieron muy serias. Como hombre de honor, Nic fue a ver a mi padre y le pidió permiso para casarse conmigo. Y justo después de que mi padre nos diera su bendición, Nic hincó la rodilla sobre la alfombra delante de mi sofá blanco, en mi genial apartamento del centro, y me pidió que fuera su esposa. Tres semanas más tarde, tomé un avión hasta Austin, fui al lugar que habíamos elegido y me casé con Nic. Algo sencillo, dulce, tranquilo, con la asistencia de las personas a las que amábamos, y lo celebramos con una pequeña tarta y ponche. Profundo.

Es de comprender que hubiera personas en el mundo de Nic que estuvieran preocupadas. En realidad estaban superpreocupadas. Afrontémoslo, ahora yo era una mujer con un pasado no tan lejano. Llevaba un divorcio a cuestas. Era hija de padres divorciados, y esos padres que contaban con varios matrimonios fallidos cada uno, incluido el mutuo. Sin embargo, Nic fue firme con aquellos que se mostraron inquietos. En una entrevista de *Crosswalk* declaró:

He vivido mi vida siendo objeto de una gracia asombrosa. Las personas me han concedido siempre el beneficio de la duda. Y entendí que si no puedo extender esa misma gracia a alguien en mi vida —a quienes me rodean, a mis compañeros y ahora a mi esposa— podría considerarlo la mayor de las hipocresías. Comprendí que no amaba a Jaci por su carrera ni por su pasado. Y tampoco quería ser alguien que se sienta y dice: «Ah, esta persona no da la talla para mí». ¿Quién soy yo para afirmarlo? No estoy libre de pecado. He cometido errores. Lo único que sé es que a mí me gustaba estar con Jaci. Estaba enamorado de ella, y ella se ha convertido en mi mejor amiga. Independientemente de lo que haya sucedido, queda en el ayer; ya no tiene importancia para mí. Creo que soy lo bastante fuerte en mi propia fe y como marido para declarar que todo está bien. Y si otras personas no perdonan, no es un problema. Por la gracia que se me ha extendido, sé que ambos vamos a estar bien.[5]

Un día después de casarnos le pregunté por qué había sido tan frío conmigo durante aquella gira fallida de unos años antes, mostrando aquella actitud que interpreté como grosera, durante aquel tiempo difícil cuando me encontraba en un matrimonio condenado y reactivo, y él era mi antiguo novio al que yo había dejado. Me miró con ojos incrédulos. «Bueno, Jaci», me contestó, «yo no podía estar enamorado de ti. Estabas casada con otro». Y no podía ser apático. Así que no le quedaba otra que ser *distante*. Como se suele decir, hay una fina línea entre el amor y el odio. Nic estaba haciendo gala de la forma más elevada de respeto al mantenerse apartado de mí.

A través del fracaso, las malas decisiones, las que fueron oportunidades perdidas, Dios puede convertir lo «erróneo» y el «demasiado tarde» en lo «correcto» y «justo ahora». Dios apareció en el momento oportuno.

• • •

¿Existen temporadas en tu vida que parecen años perdidos? ¿Estás experimentando una de ellas ahora? ¿Un tiempo que podría haber sido muy productivo, mucho mejor, de no haberlo arruinado huyendo, escondiéndote, cualquiera que sea tu problema particular? O tal vez no se trate de algo que hiciste, sino solo de la forma en que se presentó la vida. La persona que amabas te dejó, tu trabajo soñado se fue a pique. Resulta muy fácil enfocarse en el lamento cuando pasas por esa clase de etapa en tu historia o tu día a día. Y cuando nos concentramos en el remordimiento, nos puede paralizar e impedir que avancemos.

¿Sientes que es demasiado tarde? ¿Para aquella oportunidad, aquella relación, aquel momento, esa posibilidad que no volverás a tener?

Escucha. Dios puede darle un nuevo propósito a tu remordimiento. No puedo prometerte que reanudarás el romance con la persona que te abandonó. Ni que se te ofrecerá de nuevo la oportunidad de trabajo que dejaste. Ni que podrás restaurar esa relación con una amiga que acabó en medio del resplandor de los truenos de los malentendidos y el enojo.

Lo que sí sé es que cuando tomamos el camino del arrepentimiento, Dios puede volver a escribir el guion de nuestro «demasiado tarde» y modificarlo en «nunca es demasiado tarde». Su capacidad de renovación y recuperación no depende de nuestro horario humano.

Ahora escúchame bien, amiga. Cuando hablo del camino del arrepentimiento no estoy aludiendo a esa senda de la vergüenza. No me refiero a recorrer el pasillo hasta la parte delantera de la iglesia al final de un servicio, sino al camino del arrepentimiento en el cual somos responsables de nuestra parte en el desastre de lo que parecen años perdidos, aunque se trate sencillamente de no haber aprovechado la oportunidad o haber escogido a la persona errónea para iniciar una relación. Estoy hablando de cultivar las lecciones aprendidas a partir de ese tiempo. Puede haber fruto incluso en un período de sequía. Esto puede sonar contradictorio, pero es posible que haya realmente productividad durante ese tiempo. De acuerdo, puede ser más parecida a los tubérculos. Cosas que son buenas para ti, pero que tal vez no tengan tan buen sabor ni sean tan dulces como las frutas. Como la remolacha. Beneficiosas para ti. Nutritivas. Aunque es posible que tengas que cavar para sacarlas. Es probable que te ensucies. Se te mancharán de tierra las uñas, y te preguntarás si el alimento de esa verdura espiritual merece la pena por la sensación que produce en tus dientes.

Y sí que la vale. Desde luego que sí.

No se trata de que te mortifiques. Castigarte no implica progreso. Se trata de detener todo ese mirar por encima del hombro y ver lo próximo que Dios tiene para ti. Estar asequible a ello. Adoptar con vulnerabilidad un valor temeroso y pasar la página del calendario para ver una nueva.

¿Esas verduras espirituales? Tal vez no sean tan dulces como las fresas. Sin embargo, tampoco tienen por qué ser amargas.

La amargura es otro lugar en el que podemos quedarnos atascadas en el barranco del lamento. Hay una forma de tratar con ella. A veces suena a sabiduría y lo parece. Créeme, cuando me sentía desconsolada por mi matrimonio fallido, renegar de los hombres me parecía lo más sensato, negarme a las citas para tomar café con un rápido movimiento de la mano indicando desinterés. No tenía la más mínima disposición a tener citas, porque mi historial era ahora un sólido fracaso. No se podía confiar en los hombres. Te podían hacer un daño infinito. Podían hacer todo tipo de promesas y abandonarte. Así que debías mantenerte lejos de ellos. Inteligente, ¿no?

Era la amargura la que me retenía. No la sabiduría.

Esto me hace pensar en Noemí. Leemos su historia en el libro de Rut. Se había casado con un chico de Belén y tuvo un par de hijos. Entonces llegó la hambruna, y ella y su esposo empaquetaron y subieron a los niños a lo que hubiera equivalido a un camión de mudanzas hebreo y se dirigieron a Moab, con la esperanza de que en ese lugar abundara la comida y el trabajo. Permanecieron allí varios años, sus hijos se hicieron hombres y se casaron con chicas moabitas.

Y después sucedió lo inesperado. Se borró el guion que ella había estado viviendo, el que presentaba la vida cómoda en Moab. Su esposo y sus hijos murieron. Quedó abandonada en una tierra extranjera sin nada familiar, excepto las esposas forasteras de sus hijos. Solitaria. Herida. Confusa. Triste.

Decidió emprender el camino de regreso a su tierra patria, y sus nueras se dispusieron a acompañarla. En última instancia, solo una, Rut, se quedó con ella en la larga caminata a casa. Cuando llegaron a la región de Belén, la familia de Noemí salió a recibirla, a darle la bienvenida a casa, llamándola por su nombre.

Ella no lo estaba pasando bien. Comprueba este momento socialmente incómodo que se recoge en el primer capítulo del libro de Rut:

Entonces las dos mujeres siguieron caminando hasta llegar a Belén. Apenas llegaron, hubo gran conmoción en todo el pueblo a causa de ellas.

—¿No es esta Noemí? —se preguntaban las mujeres del pueblo.

—Ya no me llamen Noemí —repuso ella—. Llámenme Mara, porque el Todopoderoso ha colmado mi vida de amargura. Me fui con las manos llenas, pero el Señor me ha hecho volver sin nada. ¿Por qué me llaman Noemí si me ha afligido el Señor, si me ha hecho desdichada el Todopoderoso? (vv. 19-21)

Hmm, sí. Parece una buena forma de renovar las amistades cuando llegas de vuelta a tu ciudad local tras haber estado años fuera. Ella quería que la llamaran *Mara,* que significa —lo has adivinado— «amarga».

Noemí significa «placentera», pero la vida la había exprimido y dejado su sello en su corazón. Ella culpaba a Dios, se estaba haciendo una coraza, estaba entrando en la ciudad dejando huellas de dolor a su paso. ¿Sabes? Lo entiendo. De verdad que sí. Ella no quería ser herida de nuevo. Y a veces, cuando no queremos que nos vuelvan a hacer daño, cambiamos la esperanza por amargura.

No obstante, hay algo interesante. Al parecer, la gente del pueblo nunca la llamó por este nuevo nombre. Durante el resto del libro se sigue aludiendo a ella siempre como Noemí, «placentera», en lugar de Mara, «amarga». Me pregunto si *esto* la amargaba (¿has visto lo que he hecho aquí?).

No te pierdas esto: todavía queda el resto del libro. Ella regresó a su ciudad dando por sentado que su historia estaba totalmente escrita. Sin embargo, hay más páginas. Rut demostró ser una nuera entregada y amorosa; desde luego, no era la sustitución de los hijos que Noemí había perdido, pero sí una persona dispuesta a amarla y servirle con la devoción y la honra que una hija debe a su madre. Noemí no se casó de nuevo, pero sí encontró un nuevo esposo para Rut en Booz, un hombre que la acogió en su familia como suegra, la protegió y proveyó para ella. Booz no se limitó a casarse con Rut abandonando a Noemí, amparándose en el tecnicismo de que Rut y Noemí no tenían una relación de sangre. Él las recibió en conjunto, aceptó a Noemí como abuela del hijo que él y Rut tuvieron, hasta el punto de que las mujeres de la ciudad le recordaron: «¡Alabado sea el Señor, que no te ha dejado hoy sin un redentor! ¡Que llegue a tener renombre en Israel! Este niño renovará tu vida y te sustentará en la vejez, porque lo ha dado a luz tu nuera, que te ama y es para ti mejor que siete hijos» (Rut 4.14-15).

Con Dios nunca es demasiado tarde. Él no puede llegar tarde: fue Dios quien inventó toda la idea del tiempo, lo que le proporciona mucho margen de maniobra para usarlo como quiera. Y esto incluye que decida lo que es oportuno. Déjame decirte en qué se puede convertir el período de años perdidos en las manos de Dios. Comprueba estas promesas:

> «Y os restituiré los años que comió la oruga, el saltón, el revoltón y la langosta, mi gran ejército que envié contra vosotros». (Joel 2.25, RVR1960)
>
> «Y conoceréis que en medio de Israel estoy yo, y que yo soy Jehová vuestro Dios, y no hay otro; y mi pueblo nunca jamás será avergonzado». (Joel 2.27, RVR1960)
>
> «El Señor, vuestro Dios, restaurará todo lo que habéis perdido; tendrá compasión de vosotros; regresará y los recogerá de todos los lugares donde fuisteis dispersados. Por lejos que acabéis, El Señor, vuestro Dios, os sacará de allí y os traerá de regreso a la tierra de vuestros antepasados que una vez poseísteis. Será de nuevo vuestra. Él os dará una buena vida y os hará más numerosos que vuestros ancestros. El Señor, vuestro Dios, cortará los espesos callos de vuestro corazón y del corazón de vuestros hijos, os libertará para amar al Señor, vuestro Dios, con todo vuestro corazón y vuestra alma, y viviréis, viviréis de verdad. El Señor, vuestro

Dios, pondrá todas estas maldiciones sobre vuestros enemigos que os odiaron y fueron a por vosotros. Y empezaréis de nuevo, escuchando obedientemente a Dios, guardando todos sus mandamientos que os estoy dando hoy. El Señor, vuestro Dios, se esmerará en hacer que todo os vaya bien». (Deuteronomio 30.5-9, traducción literal de la versión The Message)

Hay otra forma de colaborar con Dios y redimir el tiempo perdido para nosotras: la retrospección. Esta es la capacidad de mirar atrás a lo que ha sucedido y obtener sabiduría de ello. La retrospección no es lamento. No es un llamado a anhelar algo que se ha ido ni obsesionarse por lo que salió mal. Consiste sencillamente en observar a partir de ese período lo bueno y lo malo, cómo te ha moldeado y lo que podrías haber hecho mejor sin amargarte.

. . .

En el momento oportuno, he aprendido que nunca es demasiado tarde. ¿Sabes? En toda la historia que Nic y yo tuvimos antes de casarnos, él podría haberse amargado. No obstante, eligió mejor. Podría haberse derrumbado. Sin embargo, escogió edificarse, acumular reservas de paciencia, comprensión y gracia. Podría haberme bloqueado de su lista de contactos, su vida profesional, su corazón. En cambio, se arriesgó a desbloquearme, a aceptar con amor todo mi desastre sin permitir que los estragos del reloj y mis elecciones anularan nuestro futuro.

Hoy, todos estos años después, llenos de historias, errores, gozos, risas y lágrimas en nuestro camino, él me tiende la maquinilla de afeitar que usa en su rostro para que yo me depile las piernas. Amor verdadero. De eso se trata en realidad, ¿no? Cuando usamos una maquinilla para afeitar nuestros corazones, no la blandimos como un arma frente a aquellos a los que amamos, sino que la extendemos, con el mango por delante, a quienes son más importantes para nosotras. Les mostramos que estamos dispuestas a ser las primeras en asumir el riesgo de permanecer desnudas y ser vulnerables, sin una barba de amargura, e intentarlo de nuevo. Y Dios se reunirá con nosotras en ese punto, y hará que aquello que ya nos parecía demasiado tarde para que ocurriera llegue justo a tiempo.

DALE LA VUELTA AL GUION

- ¿Qué te parece que es «demasiado tarde» en tu vida? Es particularmente difícil saber que de este lado de la eternidad no hay oportunidad de reconciliación o perdón. Sin embargo, sin simplificar en extremo las cosas, ¿qué podrías hacer para liberar a esa persona o situación que te hiere, o a quien tú haces daño, y no puedes enmendar ahora? ¿Cómo puedes liberarte de todo, estar lista y ser más sabia cuando Dios traiga una nueva oportunidad o relación a tu vida?
- ¿Te aferras a veces a una actitud de «demasiado tarde» por obcecación? Yo sé que lo hice. ¿Conoces la razón subyacente a esta testarudez? ¿Te hace sentir más poderosa, como si te hubieras inoculado contra un daño adicional? Lo entiendo. Te lo aseguro. No obstante, ¿has considerado cuánto podría costarte esa terquedad? Piensa en el mensaje de Salmos 81:

> Por eso los abandoné a su obstinada voluntad,
>> para que actuaran como mejor les pareciera.
> »Si mi pueblo tan solo me escuchara,
>> si Israel quisiera andar por mis caminos,
> ¡cuán pronto sometería yo a sus enemigos,
>> y volvería mi mano contra sus adversarios!
> Los que aborrecen al Señor se rendirían ante él,

pero serían eternamente castigados.

Y a ti te alimentaría con lo mejor del trigo;

con miel de la peña te saciaría». (vv. 12-16).

- Amiga, quiero que tengas todo lo que Dios tiene para ti, lo «mejor del trigo» y la «miel de la peña». ¿Qué puedes hacer para confiar en él en tus siguientes pasos, en tus próximos días? La gente te decepcionará, las circunstancias cambiarán, pero Dios puede estar ahí contigo y a tu favor si se lo permites.

- Piensa en esta cita: «Nunca es demasiado tarde para convertirte en quien deberías haber sido». ¿Estás de acuerdo o no? ¿Crees que Dios puede convertirte en todo aquello que él pretendía que fueras, aunque te parezca que ha pasado el momento?

Ocho

Es personal

Genevieve. JoJo. Sarah. Lauren. Ellas son mis chicas. Hacemos mucha vida en común. Estamos juntas todo el tiempo. Las conozco desde que eran unas niñas pequeñas lindas y unas adolescentes complicadas, y ahora, de adultas, he visto a un par de ellas tener un parto difícil. Yo dependo de ellas y ellas de mí.

Hank. Darth. Chubby. Chunky. Day Day. Pierre. LK Junior.

También son mis chicas. Sí. Incluso Pierre. Todas ellas, el lote completo, las que tienen nombres de chica y aquellas que se llaman de un modo más, *hmm*, descriptivo, todas son mías.

Pollos.

Gallinas, para ser precisa.

Si me hubieras dicho en mis días pasados, cuando vivía en mi apartamento en el centro, que un día me convertiría en una loca señora con gallinas, nunca te habría creído. ¡Yo que siempre pensé que era un ratón de ciudad!

Resulta que también soy un ratón de campo. Un lugar para el gallinero ha sido una gran experiencia.

Si vinieras a tomar café, nos sentaríamos a mi larga mesa blanca de comedor situada cerca del largo sofá blanco, y creerías estar de nuevo en mi apartamento del centro. Ratón de campo. Y después daríamos un paseo fuera.

Y verías el hábitat más intenso de pollos en el campo para mis chicas.

Estoy obsesionada con los pollos. Ratón de campo hasta el final. Silver Laced Wyandotte. Ameraucana. Barred Rock. Amber Link. Black Australorp. Golden Comet. Son nombres importantes para mí: las razas de mis chicas y todos los atributos únicos que poseen.

Todo comenzó de forma bastante inocente. Cuando nos mudamos a nuestro hogar que necesitaba reparaciones, ubicado sobre tres acres fuera de Nashville, metido entre enormes árboles verdes y rodeado de una valla decadente, daba la impresión de que ahí debía de vivir algún tipo de mascota acorde con la nueva casa. Sin embargo, el tema de los gatos y perros no me atrae en absoluto. No quería tener animales en mi casa, porque ya vivía con tres machos humanos y eso parecía suficientes animales para mí. Y desde luego, tampoco quería que ningún roedor o reptil en una jaula de plástico viviera en el sótano, nocturno y horripilante, corriendo en una rueda o deslizándose bajo una lámpara de calor. Me estremezco de solo pensarlo. ¡Puf!

Pero estoy divagando.

Esa casa era un ejemplo absoluto de algo para acondicionar. Desde la puerta delantera hasta la trasera, pasando por todos los puntos intermedios, lijamos, pintamos, arrancamos, reconstruimos y mucho más. Hemos aprendido más sobre fundamentos y placas de yeso, enmasillado y arreglos de fontanería de lo que se podía abarcar en una noche de HGTV, el canal dedicado a las reformas del hogar. Ha sido una incesante labor de amor (y a veces de odio).

Me di una escapada rápida a la ferretería con el objeto de conseguir más suministros para nuestros proyectos de renovación que no parecían tener fin. El aroma a madera contrachapada y pintura siempre hace que los jugos de mis posibilidades fluyan, y me paseé por los pasillos para asegurarme de haber comprado todo lo que figuraba en mi lista y ponerme al corriente de las últimas opciones actualizadas para lavabos y lo más novedoso en bombas de desagüe. Me refiero a esas que te dan la seguridad de que no se te va a inundar el sótano. Bombas de desagüe... porque vivimos en el campo.

Entonces lo vi.

Estaba rebajado.

Un gallinero portátil.

Lo sé. Tú también has sentido en algún momento la tentación, ¿verdad? ¿O solo es cosa mía?

«¿Qué es un gallinero portátil?», puedes preguntarte. Bueno, es una especie de casa rodante para aves. Es un pequeño recinto hecho de —espera un momento— tela metálica. Sus ruedas te permiten moverlo de un lado a otro del patio con facilidad y reubicar a tus pollos si están hartos de tener siempre la misma vista. Es una especie de kit de prueba para pollos que conlleva poco compromiso. Bueno, algo parecido. No es nada permanente. ¡Por piedad! ¡Solo es una especie de prueba de rodaje con pollos! Eso no me a va convertir en una especie de señora gallina por un largo tiempo.

Es por los niños.

Es por su bien.

Los enseñará a ser responsables.

Estas son todas las cosas con las que intenté convencerme luego de no ceñirme a mi sencilla lista de compra de artículos de ferretería y llegar a casa con un gallinero portátil en rebaja.

Es como si ya escuchara tu siguiente pregunta.

Lo comprendo. De verdad que sí. Hace unos pocos años sentía lo mismo que puedes estar sintiendo ahora. Lo de los pollos no había empezado.

¿Dónde se consiguen pollos para el gallinero? Una pregunta muy válida.

Por correo. No te engaño.

Los encargas en línea. Es fantástico. Saltas a la página en la red de tu elección, haces tu encargo de pollos de pocos días, y te llegan por correo urgente.

Hablo en serio. Me gusta pensar que le he aportado un poco de emoción a la vida de mi cartero.

Empecé desde abajo. Solo el gallinero y tres o cuatro pollitos de cuatro días que llegaron por correo. Los alimentábamos. Manteníamos en el gallinero a aquellas bolitas de pelusa amarilla que corrían por toda la jaula.

Y crecieron. Y mis hijos, Zealand y Søren, comenzaron a mostrar una gran responsabilidad, dándoles de comer y beber. Y los pollos crecieron un poco más. Y yo inicié una investigación más completa sobre ellos. Y desarrollé una lista de deseos para mi siguiente ronda de recolección de pollos.

«¡Aaahhhh! Una Marans azul cobre. ¡*Necesito* una de esas! ¡Ah! Y una Mille Fleur d'Uccle. ¡Vaya, estas eran las gallinas de las reinas! Tengo que encontrar una de esas».

(En serio. Según la leyenda de los pollos, hubo una reina a la que le gustaba tener en sus brazos a una de esas pequeñas gallinas, ya que sus plumas hacían parecer que la monarca llevaba un ramo de «un millar de flores», que es lo que significa *mille fleur*. Curiosidades del mundo de los pollos).

Con el tiempo, mi colección de pollos se incrementó. En gran medida. Y después aprendí esta verdad: cuando desarrollas la costumbre de tener pollos, su hábitat también tiene que crecer. De modo que, a los nueve meses de conseguir mi gallinero, había llegado la hora de efectuar el gran salto.

Sí. Hasta tener un señor gallinero en toda regla. Y no uno cualquiera. No un «gallinero» para mis chicas. Quería que tuvieran mucho espacio para jugar. Quería que estuvieran seguras. Quería ofrecerles distintas opciones, con un bonito banco de urbanización privada en un extremo y mucho espacio para reunir al público en las fiestas de las gallinas. Quería que tuvieran techos altos, sí, hechos de tela metálica, pero buena. Y quería que contara con muchas habitaciones para albergar a todo un grupo de gallinas, porque yo estaba comprando un capón.

La Hacienda Gallina había nacido. Algunos dicen ser pobres en cuanto a su casa. Yo declaro ser rica en lo que respecta al gallinero.

El nuestro es algo hermoso, lleno de amenidades para las gallinas. Y una vez acabado, empecé a construir mi familia de pollos para incluir a todo tipo de razas exóticas, como las Golden Comet y las Ancona. Y por supuesto, necesitaba una gallina Polaca Negra de Cresta Blanca; tienen ese penacho alborotado parecido al de las rubias de Texas de pelo largo con raíces negras. Es un homenaje a mi lugar de nacimiento. Búscala en Google: Gallina Polaca Negra de Cresta Blanca. Merece la pena perder un poco el tiempo, te lo prometo.

Las chicas ponen entre doce y dieciséis huevos al día, de una variedad de formas y colores, desde el marrón chocolate oscuro hasta el azul cielo. Zealand y Søren las alimentan como es debido, por la mañana y por la noche, rellenan los bebederos, les hablan, las persiguen, las adoran. Yo me siento junto a la larga mesa de comedor blanca y moderna, bebo un café negro en una taza blanca de porcelana, observo atentamente por la ventana cómo mis hijos cuidan a nuestros pollos desordenados, divertidos y coloridos, y me río para mis adentros. Porque ahora conozco a esas aves como a mis hijos. Y sé cuáles son más tímidas y cuáles más valientes. Conozco a las me quieren más, a las que siguen a Zealand o a las que han adoptado a Søren como su persona favorita. Sé cuáles de las gallinas están bien aunque parezcan un poco quietas, y por cuáles debería preocuparme si no salen a recibirme cuando me dirijo sin prisa al gallinero. Cada una tiene su propia y pequeña personalidad.

Pollos. ¿Quién lo habría pensado? Algunos de ellos se parecen mucho, pero puedo distinguirlos por su temperamento. Me recuerdan de nuevo que Dios hace a todas sus criaturas muy únicas, muy fascinantes. Por eso mi relación con cada una de mis gallinas es personal. Al estilo pollo. De verdad disfruto conociendo a esos pequeños pollitos que llegan por correo y viendo en lo que se convierten, lo bien que se llevan con los demás, cómo sus pequeñas particularidades e idiosincrasias contribuyen a todo el decorado del gallinero.

Sin embargo, luego tengo que sentarme y preguntarme. Acepto fácilmente a esos pollos. En realidad me deleito en conocerlos y detectar sus pequeñas individualidades. No siento la necesidad de «cambiar» nada en ninguno de ellos; me gusta conocerlos tal como son. ¡Son pollos, por todos los cielos! Entonces, ¿por qué motivo me está costando tanto aceptar mi propia personalidad, mis peculiaridades y mi temperamento? ¿Por qué intenté ser durante tanto tiempo lo que todos los demás pensaban que debía ser?

Sin la menor duda, Dios tiene una forma curiosa de actuar con las personalidades. Y me está enseñando algunas cosas con respecto a ser intencional en su forma de crearme, para su causa, en lugar de limitarse a dejar que la vida solo suceda para mí y aceptar las definiciones restringidas.

• • •

Como una chica a la que le gusta el negro y el blanco, lo entiendo; de verdad que sí. No se trata solo de una decoración que se ve fantástica en una paleta de negro y blanco. La vida puede parecer mucho más limpia cuando decidimos con rapidez catalogar a las personas, los lugares, los acontecimientos, la política y los temas difíciles. Esto mantiene a raya el polvo y el alboroto. Nos hace sentir mejor al no tener que ocuparnos de cosas que resultan inciertas o desconocidas. Conocemos unos pocos detalles, les asignamos un lugar en nuestro corazón y nuestra cabeza, y seguimos adelante.

Decidimos que alguien divertido en todas las fiestas debe ser alegre y no tener nunca un día malo. Decidimos que alguien que parece vacilante no tiene valor. Catalogamos a una mujer vestida de punta en blanco como alguien que lo tiene todo resuelto. Decidimos que nuestra vecina a la que siempre vemos con sudadera y la camiseta de un viejo balneario no es tan animada.

Sin embargo, ¿sabes algo? Esa persona tan divertida de la fiesta puede experimentar períodos de depresión. Esa persona indecisa podría ser la más valiente, porque evalúa y considera sus decisiones, y a continuación lleva a cabo la acción decisiva. Esa mujer vestida de punta en blanco puede tener una vida interior atormentada por la desconfianza en sí misma. Esa vecina que anda siempre en sudadera podría ser la propietaria multimillonaria de una empresa tecnológica.

Limitamos nuestro entendimiento con respecto a quiénes son las personas, quiénes son de verdad y cómo encajan en nuestros paradigmas, basándonos en unos cuantos datos. Y esa limitación puede robarnos amistades que podrían haber sido fascinantes y poderosas si hubiéramos dejado a un lado nuestras suposiciones.

¿La relación en la que más tendemos a actuar así? Para muchas de nosotras es la relación con nosotras mismas. Nos aferramos a lo que otros nos han dicho sobre nosotras. Intentamos cumplir las expectativas de los demás. Nos obligamos a adaptarnos a los estereotipos más estrictos con el anhelo de sentir que pertenecemos a algún sitio, que tenemos un lugar.

Y después nos molestamos, porque sentimos que en realidad pasamos desapercibidas. No ven cómo somos ni cómo late nuestro corazón de verdad.

No obstante, si queremos ser vistas y que nos conozcan, primero tenemos que darnos una mirada real a nosotras mismas.

· · ·

Debido a que formé parte de todo el bombo de los artistas e intérpretes tan al principio de mi vida, la búsqueda de mi verdadera personalidad y de mi mí misma estuvo llena de digresiones. Y cuando hoy hablo con mis amigas, incluso aquellas que tuvieron lo que podríamos definir como una infancia mucho más normal que la mía, descubro que muchas de ellas también confrontaron a personas y situaciones que tuvieron mucho que ver en la opinión que se formaron de sí mismas. Ellas también lucharon por hallar su «lugar».

Esa es la ironía que me he encontrado una y otra vez en mi vida y con mis amigos. Todos queremos ser únicos. Y no deseamos quedar excluidos.

Cuando Nic y yo nos mudamos al campo, esto no parecía encajar con lo que mi familia y mis amigos pensaban saber de mí. Ellos tienen claro que de verdad me gustan los entornos urbanos, las grandes ciudades, el bullicio y el ajetreo, los ambientes modernos y la ropa monocromática elegante, y esta es la razón de que a muchos de ellos les resultara tan divertido que Nic y yo empezáramos a buscar una casa con terreno, una valla y grandes árboles. ¡Rayos! No parecía ajustarse a lo que *yo* pensaba y sabía de mí misma. Y por segura que estuviera de querer criar a mis hijos con espacio para correr, no tenía muy claro mi deseo de abandonar esa personalidad de chica moderna con una carrera. Hasta el punto de que conservamos la casa del centro como propiedad para alquilar, por si acaso. Daba igual que fuera toda de cristal, cromados, escaleras y un solo dormitorio, y difícilmente el tipo de lugar seguro para niños pequeños.

Sentía como si tuviera que escoger entre las dos versiones de mí misma, que era necesario comprometerse con una o la otra. ¿Ratón de ciudad o ratón de campo? Algo me hacía pensar que ser ambas cosas no era viable. Sentí que tenía que escoger un guion o el otro, la ciudad o el campo.

¿Qué facetas de tu personalidad —de tus gustos, tus impulsos, de las cosas que encienden tu fuego— no parecen compatibles? ¿Qué te dices a ti misma al respecto? ¿Te sientes vagamente incómoda con ello? ¿Sientes la presión de decidirte por un equipo?

Tengo una amiga en el ministerio que tal vez tenga la personalidad más destacada de todas. Al observarla en un entorno público, interactuando con la gente y hablando sobre el escenario, pensarías que es la persona más extrovertida del mundo. Pero he aquí lo que también sé de ella: tiene un lado intensamente introvertido. Por ejemplo, cuando sale a escena y se entrega por completo frente a las personas y por ellas, necesita un tiempo de retiro. Un tiempo para leer. Un tiempo para hacer un maratón de Netflix. Y no es que la persona «pública» que la mayoría conocemos no sea real. Es muy real. Sencillamente, su personalidad no concuerda con una sola de las simples etiquetas de extrovertida o introvertida.

Por lo tanto, ¿qué tal? ¿Y si fuera completamente bueno ser ambas cosas, un ratón de ciudad y un ratón de campo? ¿Y si fuera maravilloso ser extrovertida e introvertida a la vez? ¿Y si no tuviéramos que elegir y pudiéramos aceptar exactamente aquello para lo que Dios nos diseñó? ¿Y si permitiéramos que él le diera un nuevo propósito a todo, y esto nos hiciera más funcionales en lo que respecta a nuestra vida, lo que tenemos para dar, la gracia que podemos impartirles a los demás por su personalidad única?

¿Qué me dices de ti? ¿En qué te sientes como una dicotomía andante, como si de alguna manera no fueras adecuada para encajar en un molde prescrito? ¿Y si en lugar de machacarte por ello lo aceptaras? ¿Y si, solo y si, Dios hubiera sabido lo que estaba haciendo cuando te formó, cuando vertió en ti toda clase de sabores para conseguir tu mezcla especial?

¿Cómo sabes lo que eres realmente?

• • •

Cada mañana me pongo mis lustrosas botas negras de goma. Recojo mi cabello en un gran moño desgreñado sirviéndome solo de un bolígrafo o un rotulador para sujetarlo. Salgo al aire húmedo. Y agarro mi... pala. Porque es hora de recoger los excrementos del corral.

Esa es la realidad de criar pollos. Ellos hacen excremento. Todo el tiempo. Por todas partes. Estoy segura de que aprecian de verdad todo el empeño, el pensamiento y el propósito que pongo en su corral, pero no son demasiado especiales con respecto a cuándo y dónde usar el baño. De modo que allá voy a enfrentarme a mi deber de limpieza, aunque tenga programado tomar un avión ese día para cantar en un estadio lleno de personas o llevar a mis hijos a la escuela para reanudar mi función de supermamá del salón de clases.

Lo hago por esto: amo a mis chicas. Mis elegantes aves. No quiero que se muevan torpemente por un gallinero sucio. Quiero que estén sanas.

Y también es lo que quiero para ti y para mí.

Por ello, en lo que respecta a los corrales de nuestra consciencia, ese lugar profundo dentro de cada una de nosotras que determina cómo nos percibimos y nos entendemos a nosotras mismas, tenemos que asegurarnos de sacar los excrementos del ruido, la opinión y las suposiciones que a veces permitimos que se apilen allí.

En mi caso, permitía que las personas me dijeran que determinadas cosas eran ciertas en cuanto a mí. Con frecuencia lo hacían como resultado de su amor y queriendo lo mejor para mí. Había definitivamente otros que opinaban sobre mí basándose en lo que podían conseguir de mi persona, o debido al interés por querer manejarme o manipularme. Yo lo aceptaba y dejaba que todo esto se amontonara dentro de los confines de mi ser, pensando que debían conocerme mejor o verme con mayor claridad. En ocasiones permitía que esas opiniones se acumularan como resultado de un sentimiento de querer ser alguien que estaba dispuesta a aprender, que deseaba ser disciplinada, las cuales son cosas buenas. Sin embargo, con el tiempo fue cada vez más difícil ver el fundamento de aquello para lo que había sido creada, con el excremento de pollo cubriendo el suelo y todo.

Cuando llegamos a ese lugar, cuando el suelo de nuestra casa mental interior está cubierto del excremento de todas las opiniones, la aceptación y el rechazo de los demás, tenemos que ponernos manos a la obra. Hay que hacer el trabajo sucio. Barrer todo lo bienintencionado, recoger a paladas las cosas viejas y malas. Ponerse al día con ese mentor en quien confías. Descubrir a ese sólido consejero. Invertir en un par de tests de personalidad. Sacar a releer esos diarios de hace unos años. Y lo más importante, dedicar algún tiempo a orar y preguntarle a Dios: *¿Con qué propósito me creaste? ¿Dónde he alejado partes de mí misma que tú te deleitaste en colocar ahí? ¿En qué no me he esforzado como debería haberlo hecho a fin de colaborar en la realización de todo lo que tú pretendías?* Pídele que te lo muestre. Y prepárate para verlo combinar, validar y mezclar todo de un modo que no habías imaginado antes. Porque él se está ocupando de darles un nuevo propósito a todas esas facetas que puso en ti para que pudieras resplandecer más allá de tu circunstancia actual, tu problema de estima, vergüenza o fracaso.

· · ·

Siempre me he sentido atraída por la historia de Hadasa en la Biblia. Ella tuvo un duro comienzo en la vida, nació en cautiverio en un país extranjero, como uno de esos compatriotas considerados incluso inferiores a los ciudadanos de segunda clase. Al principio de su vida se quedó huérfana y fue adoptada por su primo. A través de toda esa confusión, llegó a un período de estabilidad y creció hasta convertirse en una hermosa mujer. Su familia adoptiva y su comunidad la querían, e iba camino de convertirse en la novia deseada de algún joven afortunado de su barrio. Entonces, todo su papel cambió.

El rey del imperio empezó a buscar una nueva esposa. Un rey pagano. Un monarca que no conocía en realidad al Dios de Hadasa, la fe de su pueblo, su forma de vida. Y un soberano que tenía el poder supremo y la autoridad en su reino. Él promulgó un mandato por el cual todas las chicas bellas de la nación tuvieron que acudir a su palacio, y tras un extenso tiempo en el spa del lugar, las jóvenes le serían presentadas y él haría su elección de la que se convertiría en su nueva reina. Y ese mandamiento no era una invitación: era obligatorio.

El padre adoptivo de Hadasa le indicó que no revelara sus antecedentes, sino que asumiera su nueva función de candidata a reina con sabiduría y discreción. Ella dejó de usar su nombre hebreo, Hadasa, y comenzó a usar su apodo persa, Ester. Aprendió con rapidez a relacionarse con el tipo al que habían puesto a cargo de todas las competidoras de este concurso de belleza de alta categoría, y se ciñó a aplicar sus enseñanzas y directrices durante todo el entrenamiento, la exfoliación y la etiqueta de aquellos doce meses de acondicionamiento antes de serle presentada al rey.

Ester prestó atención. Hizo todo lo que le aconsejaron. Lo asimiló todo, lo aprendió todo, permitió que la frotaran, suavizaran y perfumaran. Y cuando llegó su momento de comparecer delante del rey, él la escogió.

Ester pasó de ser una chica hebrea del extremo equivocado de la ciudad a convertirse en la reina persa, la favorita del monarca, y todo en el espacio de un año.

Y Dios le dio un nuevo propósito a este papel de formas completamente inesperadas.

Los eruditos piensan que Ester había ostentado el título de reina durante cinco años cuando su primo, su padre adoptivo, le dio a conocer que existía una conspiración en marcha para matar a los israelitas que vivían en Persia. Nada más asentada en su función dentro de la monarquía persa, su identidad hebrea y sus responsabilidades volvieron a presentarse, con una urgencia y una importancia que no podían ignorarse. Es probable que Ester pensara que el salto cuántico de una chica soltera hebrea anónima que se convierte en la adorada reina persa era suficiente ascenso. Sin embargo, Dios escribió entonces el guion de nuevo, y Ester descubrió el verdadero propósito subyacente a este papel. Era necesario que usara todo su ser, todo lo que Dios había puesto en ella —la humilde y la majestuosa, la esclava y la reina, la hija obediente y la esposa valiente— para salvar a su pueblo y descubrir su misión verdadera.

¿Quién era ella, pues?

¿Hadasa o Ester?

Era ambas cosas.

Era la huérfana judía. Y era la adorada y celebrada reina persa.

Y Dios les dio un nuevo propósito a estas dos facetas de su identidad para cumplir su designio. De no haber sido una niña judía sin padres adoptada por su primo, no habría poseído el trasfondo y la identidad para luchar por la supervivencia de su pueblo. De no haber sido la famosa reina persa, no habría tenido la formación y la influencia para tener acceso a los que tomaban las decisiones con respecto a los judíos.

Ella era ambas cosas. Lo era todo. No habría sido lo uno sin lo otro. Este es un momento impresionante para ver lo que Dios puede hacer con todo lo que nos parece que no encaja del todo, pero que en realidad sí lo hace.

> Este es un *momento impresionante* para ver lo que Dios puede hacer con todo lo que nos parece que no encaja del todo, pero que en realidad sí lo hace.

• • •

Te escucho. Y lo entiendo. No queremos ser hipócritas, excéntricas o impredecibles. Existe un gran término para describir esto. *Duplicidad.* Básicamente significa tener dos caras. Y nos tomamos en serio las escrituras que hablan de ser de doble ánimo, porque siempre deberíamos tener cuidado de no estar por todas partes del mapa emocional en lo que respecta a entendernos a nosotras mismas.

Santiago, el medio hermano más joven de Jesús y pastor de una de las mayores iglesias que haya existido en el siglo primero, advirtió en cuanto a no ser de doble ánimo. Él señaló que quien ora por una cosa, pero sin creer en realidad, es «indeciso e inconstante en todo lo que hace» (Santiago 1.8). Por lo tanto, tenemos que asegurarnos de que al aceptar esos aspectos de nosotras mismas que no siempre combinan ni van de la mano, no estamos atascadas en un sucio corral de indecisiones e irresponsabilidades.

Mira, permíteme ser una mamá gallina contigo durante un minuto. Tu personalidad puede constar de ambas partes, ser extrovertida y reservada. Y eso es formidable. Sin embargo, si no estás cumpliendo con los compromisos que hayas hecho, si dejas tiradas a tus amigas al último minuto, si decides no aparecer en ese evento voluntario para el que te has apuntado, la cosa no va de honrar tu lado más introvertido y reservado. Eso demuestra una irresponsabilidad. Y no es aquello para lo que Dios te diseñó; él te creó para que fueras una mujer de palabra. Para que fueras madura. Para que tu sí sea sí y que tu no sea no. De manera que si sabes que tiendes a comprometerte por presión, o aceptas hacer algo y luego con frecuencia no quieres hacerlo, detente por un momento. ¿Qué me dices de conocerte lo bastante bien? ¿Qué me dices de aceptarte con el suficiente amor tal como Dios pretendía que fueras, en lugar de apuntarte a todo y después arrepentirte y renunciar? Simplemente haz una pausa. Recuerda que eres única. Toma aire. Y después responde. Dile a la persona que te pide ser voluntaria que le contestarás más tarde. Dile a tu amiga que te está invitando a salir a cenar tras una semana caótica que se lo confirmarás mañana. Honra ambos «sabores» tuyos y a quienes te rodean, esforzándote con la personalidad que Dios te dio en lugar de luchar contra ella.

Y aclaremos un poco esto también: aceptarte tal como fuiste diseñada no significa buscar excusas por los problemas de carácter, la insinceridad o la falta de compromiso. Estas clases de cosas no están relacionadas con tu «personalidad». Son cuestiones de pecado y no tienes que vivir con ellas. Puedes ser libre de todo eso por la gracia de Dios. No forma parte de tu yo verdadero. Saca todas esas cosas del corral a paladas, y no permitas que ninguna de ellas parasite el perfil de tu personalidad.

Estoy totalmente de acuerdo contigo. Cuando yo me abría paso a través de todo lo que suponía y no suponía, empecé a progresar, pero también a chocar contra algunos obstáculos. En ocasiones caía en la irritación y el enojo si alguien intentaba poner más carga sobre mí. A veces no cumplía los compromisos, me echaba para atrás, era insincera.

El apóstol Pablo peleó con las mismas cosas. Él escribió: «No entiendo lo que me pasa, pues no hago lo que quiero, sino lo que aborrezco. Ahora bien, si hago lo que no quiero, estoy de acuerdo en que la ley es buena; pero, en ese caso, ya no soy yo quien lo lleva a cabo, sino el pecado que habita en mí» (Romanos 7.15-17). De modo que, al aprender a ser agradecida por como Dios nos diseñó, asegúrate de calzarte de nuevo tus lustrosas botas de goma. Recógete el cabello en un moño desgreñado y sujétalo con un bolígrafo. Agarra tu pala. Y empecemos, tú y yo, a palear aquello que no queremos convertir en un cimiento.

· · ·

Déjame mostrarte cuán bien conozco a mis pollos en la actualidad. Hace poco le estaba mostrando a una amiga algunos de los huevos de mis chicas. Le indiqué, de forma particular, el de hermoso color marrón chocolate, y comenté: «Oh, este es de Sara. De mis gallinas Marans azul y cobre es la que pone los huevos más grandes». Después le mostré el azul de Tiffany, de tamaño pequeño y casi redondo. «Este es de Hank. Una vez se le quedó un huevo atascado y tuve que ayudarla a echarlo. Y, desde entonces, la forma de todos los que pone es un poco extraña».

Mi amiga me miró con los ojos como platos y exclamó: «¿Así que ahora también eres comadrona de pollos? ¡Al parecer también te has familiarizado mucho con ese aspecto de tus gallinas!».

«Bueno, sí», respondí. «Imagino que sí».

Todo eso forma parte de tener pollos. Y mientras más experiencias tengo con ellos, incluido el ayudarles con los huevos atascados, mejor creo que, bueno, los conozco. Sé cuál es el color y la forma de los huevos que ponen. Sé cuál de las gallinas tiene la producción más alta y cuál la más baja. Porque las cuido y las amo y proveo para ellas.

De modo que sí, las mismas manos que sostienen un micrófono para cantar alabanzas a Dios también limpian el gallinero con una pala y hacen la tarea de la comadrona que recibe los huevos. Porque así es como Dios me diseñó. Para sus propósitos. Para su gloria. Para su historia.

Y él hizo lo mismo contigo. De un modo nuevo. De una forma única. En otro hilo de su historia infinita.

DALE LA VUELTA AL GUION

- ¿Qué cosas te han parecido siempre incoherentes en tu personalidad? ¿Qué cambiarías si no las consideraras como cosas que compiten entre sí, sino como algo bello que ha recibido un nuevo y hermoso propósito exclusivamente para ti?
- ¿Has sentido alguna vez que tenías que escoger entre ambos lados de ti misma? ¿Cuál es la parte que suele ganar? ¿Por qué?
- ¿Cómo dirías que te describen tus amigos y familiares? ¿Con cuáles de sus observaciones estás de acuerdo? ¿Con cuáles no? ¿Por qué?
- ¿De qué formas has visto a Dios usar un aspecto de tu personalidad como parte de su plan?

Nueve

Frente a la
incertidumbre:

Reprimida

Debo decir que hago una cosa rara.

Bueno sí, la verdad es que no es la única, pero esta en particular resulta en verdad rara. Sobre todo para Nic, quien la considera super-extraña. No estoy muy segura de por qué. No es algo ilícito, inmoral ni caro. Dudo mucho que inspirara tipo alguno de documental embarazoso. Sin embargo, tengo que reconocer que es un tanto peculiar.

Empezó cuando era una niña, yendo de un lugar a otro con mis padres por la carretera, con casa en todas partes y en ninguna. Llegábamos a una nueva ciudad, encontrábamos la siguiente iglesia en la que estaba previsto que cantáramos, nos preparábamos y cumplíamos con nuestro espectáculo. Después, pernoctábamos en casa de alguien como invitados hasta la hora de volver a emprender 'el camino.

Tras unos cuantos años viviendo la vida en el Honda, la cosa mejoró y conseguimos una casa rodante. Era de color crema claro, con unas rayas bermellón y azul que cruzaban el chasis. ¡Que me hablen de lujos! Hasta tenía un toldo extensible como la casa rodante de Barbie, de manera que cuando nos deteníamos en un camping, podíamos correr esa cosa y... *¡listo!* Creábamos todo el espacio de un salón exterior, completado con tumbonas. Daba la sensación de placer y lujo.

Yo me quedaba en la banqueta/cama de la parte delantera de la caravana, mientras que mis padres dormían en el diminuto salón trasero. Ahora teníamos cocina, baño, salón. Ya no necesitábamos quedarnos con extraños ni con la familia extendida. Podíamos llevarnos más cosas, unos cuantos atuendos más, unos cuantos artículos que nos hacía sentir que teníamos un lugar, aunque este se moviera casi a diario. Teníamos un sitio para descansar.

Pudimos ver todo tipo de campings a lo largo de todo el país. Mientras viajábamos entre fechas de actuación, aparcábamos la casa rodante a la sombra de una montaña, bajo altos pinos o en la inmensidad de una pradera. Hacíamos un amplio giro a la izquierda y nos deteníamos en la parcela del camping designada, rodeados por el olor vago de miles de hogueras anteriores como si fuera incienso. Durante un día o dos disponía de un patio y una vista de mi propiedad.

Empezó a dárseme realmente bien lo que yo denominaba hacer amigos de camping. Me juntaba con otros niños que también acampaban con sus familias y enseguida forjábamos amistad. Creábamos clubes secretos, resolvíamos misterios y jurábamos no contárselos a nadie. Yo formaba lazos con rapidez. Concentraba la interacción social de todo un año en unos pocos días.

La mayoría de aquellos niños acampaban de verdad, vivían una exótica experiencia fuera de la rutina predecible y segura de los suburbios. Para mí, era la experiencia doméstica más convencional que tenía. La vida podía volverse una rutina, con los hornillos del camping resplandeciendo en la mañana y el aroma del tocino y el café, con acuerdos no mencionados pero honrados en cuanto al ritmo de la vida de acampada. Las personas empezaban a salir de las tiendas y los remolques a la misma hora cada día. Los niños jugaban al escondite y construían fuertes. Nuestras madres nos llamaban para comer y cenar. Las hogueras parpadeaban como farolas callejeras al anochecer. Rutina, previsibilidad, comodidad.

Luego, mis amigos tenían que marcharse, regresar a la normalidad de sus suburbios. O yo tenía que subir a bordo de la casa rodante para la siguiente actuación.

En algún punto de este marco de tiempo fue cuando esta cosa empezó. Al pensar en ella puedo remontarme hasta los días de la casa rodante.

Estábamos en una nueva ciudad. Cumplíamos con los compromisos o servicios de la iglesia para los que nos habían contratado. Y después nos dedicábamos a explorar un poco el entorno o la región en la que nos encontráramos. Yo sabía que no teníamos espacio para pedir el suvenir habitual como animales de peluche, figurillas frágiles y rompibles, o cualquier cosa por el estilo. Sin embargo, sí inventé algo que mis padres podían conseguir casi siempre para mí, algo que pareciera útil y no ocupara demasiado espacio.

Loción. Y perfume. Y cualquier cosa hermosa o producto de limpieza que oliera bien y que puedas imaginar. Algo que se llevara encima, útil, adquirible en pequeños contenedores. Reuní una infinidad de bálsamos, cremas y ungüentos procedentes de todo el país.

Y aquí es donde la cosa se vuelve extraña. Bueno... al menos en opinión de Nic.

Yo lo consumía casi por completo, fuera lo que fuera. Pero entonces, al llegar a las dos últimas gotas, chorrito u onza, lo reservaba y lo guardaba.

Porque, ¿qué tal si no volvíamos nunca más al lugar donde lo había comprado? ¿Y si estos fueran los últimos instantes en que su fragancia flotara a mi alrededor? Los científicos nos señalan que el sentido del olfato es uno de los que desencadenan los recuerdos más fuertes de las personas, y ciertamente ese es mi caso. Podía abrir un pequeño frasco de alguna poción comprada hacía años, y enseguida acudía a mí el recuerdo de dónde me encontraba con mi madre y mi padre, dónde habíamos cantado, cómo eran las personas y lo que yo había hecho allí, como un recuerdo flotando en la ola de un resto en una botella.

Y esa práctica no ha cesado nunca, ni siquiera ahora que tengo un lugar al que llamar hogar y una casa que mantener, con pollos que me necesitan.

A pesar de las superficies limpias y la falta de desorden en mi casa blanca y negra, una colección escondida acecha por ahí. Podrías abrir el armario bajo el fregadero de la cocina y ver un espacio bien organizado con los productos de limpieza que esperarías encontrar.

Sin embargo, solo yo sé la verdad. Ahí abajo, como parte de esa primorosa colección, hay un par de botellas de solución limpiadora en aerosol. Y sé que solo quedan un par de chorros en cada una. Pero me encanta cómo huelen, tengo claro que ese aroma particular del producto es realmente difícil de encontrar, y estoy segura de que han dejado de fabricarlo. Por eso las guardo. Las reservo para cuando tenga visitas. Para recordar su fragancia. Para no olvidar, para no perder algo, aferrándome a las manecillas del reloj al atesorar un poco de ello.

Esto no solo ocurre en la cocina. También con mi colección de perfumes y lociones, mis productos para el lavado y mis ambientadores. Esto me proporciona una sensación de seguridad en un mundo lleno de dudas en el que mis productos favoritos no cesan de cambiar o quedar descontinuados. La seguridad en una infancia incierta en la que nunca sabía con antelación dónde estaría al día siguiente. La seguridad de depender de mí misma, de poder agarrar algo y negarme a usarlo, todo en un intento de limitar la carencia.

A Nic le parece extraño. Está bien, *es* raro. Pero todos hacemos cosas extrañas intentando capturar un aroma de seguridad en un mundo que cambia y se transforma todo el tiempo, en este camping al que llamamos vida.

$$\bullet \quad \bullet \quad \bullet$$

Tengo un superpoder. En realidad es un don.

Me digo a mí misma que soy una supermamá en la escuela. Estoy decidida a ganar la capa. La capa de supermamá del salón de clases. Sería fantástico, ¿verdad?

Tal vez se deba a que solo pude probar un poco de la vida en la escuela pública antes de ponerme en la carretera con mis padres durante mi infancia. Quizá sea por las películas y los libros que absorbí que contenían historias de chicos en la escuela, sus escritorios, sus taquillas, las carpetas Trapper y los estuches de Lisa Frank. Sin embargo, he mantenido todo este romance en marcha con la idea de que mis hijos asistieran a la escuela y yo fuera una de «esas mamás», bien involucrada, invitando a los maestros a comer cositas que sacaba de Pinterest, haciendo artesanía para los días festivos y cualquier otra cosa que tenga un sabor escolar y divertido.

De ahí ese superpoder mío. Más que el escenario, los premios y los álbumes de platino, más allá de cualquier otro logro que yo pueda haber alcanzado, solo quiero ser La. Mejor. Mamá. Del. Salón de clases. ¿Es mucho pedir?

Y para ser sincera, lo estoy logrando. De verdad que sí. Al menos es lo que me dicen. (Aquí es donde insertaría un emoticono de «guiño», si pudiera).

¿Necesitas que te plastifique algo? Yo soy tu chica. ¿Necesitas que planifique un evento para la fiesta de San Valentín, que también tenga en consideración a los niños que no pueden consumir lácteos, gluten, azúcar, nueces o colorante rojo del número 40? Lo que precises, aquí estoy yo. Esa actuación de padres es, por un gran margen, el trabajo favorito de mi vida. Y además me permite acechar y espiar a mis hijos de un modo que parece altruista y útil en vez de intimidante.

Como dedico mucho tiempo a estar en la escuela de los niños, conozco muy bien a los maestros y al personal. Me siento agradecida por las amistades y la comunidad que tengo allí, un círculo estupendo de personas cuyo interés es que a los niños les vaya bien y les guste aprender.

Durante el año de preescolar de Zealand, yo era una mamá del salón de clases a pleno rendimiento. Llegué a la escuela un día para ver en qué tarea o faena podía ayudar, a fin de seguir ejerciendo mi superpoder. Crucé la puerta de la clase de Zealand para encontrarme con su maestra, quien no podía ni respirar.

—¡Jaci! —jadeó—. ¡Te lo acabas de perder!

¿Qué?, pensé. *¿Qué podría haberme perdido? Estoy aquí todo el tiempo, con el expreso propósito de no perderme nada. Y de ayudar a plastificar, por supuesto.*

—¡Dos de los amigos de Zealand lo han retado! ¡Lo han retado a hacerlo! ¡Y lo ha hecho! —dijo, sonriendo satisfecha.

—¿Que lo han retado a hacer qué? —insté.

¿De qué se trataba todo aquello del reto? ¿Había huesos rotos? ¿Una carrera nudista? ¿Comerse una rana? ¿Qué?

Ella recuperó el aliento de forma dramática, con la hilaridad brillando en sus ojos.

—¡Lo han retado a besar a una niña pequeña en la mejilla mientras todos estaban en el recreo!

—¿Y? —urgí.

—¡Y lo hizo!

La maestra saltó de puntillas al hacer la afirmación, aturdida por el romance de preescolar.

Bueno, esto era peor. Peor que comerse una rana o correr desnudo. Con toda seguridad. Porque... las chicas... ¿Mi niñito había besado a una niña?

Me sentía medio horrorizada. Y toda orgullosa. Sé que estas matemáticas no funcionan. Pero yo nunca aseguré ser buena en esta asignatura. Porque en realidad soy justo lo contrario.

No obstante, te digo una cosa, esa era la verdadera ecuación. Estaba medio mortificada y completamente encantada. Zealand, mi pequeño Romeo del patio de preescolar. ¡Qué jugador! Como su adorable papá.

Romeo del preescolar. Sería un nombre extraordinario para un rapero, ahora que lo pienso. Y aquella tarde, él pareció caminar pavoneándose cuando nos dirigimos al auto al final de la jornada escolar.

Sin embargo, ese sentimiento de tímido orgullo me abandonó más tarde, cuando reflexioné sobre el asunto a lo largo del día. En ese punto, no teníamos todavía el diagnóstico oficial de Zealand, pero sabíamos cómo sería su camino: más difícil que el de la mayoría. Hasta ahí podíamos llegar, con sus retos de comunicación y su dificultad con el cambio y los entornos sociales. Y por ello, aquel incidente del Romeo del preescolar acabó haciéndome caer en picado en la inquietud, la duda y la incertidumbre.

Allí estaba yo, intentando crear el ambiente más estable posible para mis hijos, queriendo que tuvieran una escuela, un hogar y una *infancia,* aquellas cosas esquivas que yo sentía no haber tenido jamás. Y Nic y yo lo estábamos consiguiendo; estábamos proveyendo eso. Pero entonces, los desafíos de Zealand, ese giro inesperado, estaban apareciendo y generando incertidumbre. Así que había besado a una niña pequeña en el patio. Y se desató toda una avalancha de preguntas para mí. ¿Qué ocurrirá cuando sea adolescente? ¿Tendrá alguna vez un verdadero primer beso? ¿Se casará algún día? ¿Tendrá hijos? ¿Tendrá un trabajo? ¿Y su relación con Dios? ¿Cómo podría mi hijo con un pensamiento sumamente concreto seguir a un Dios invisible?

Era como si yo quisiera reprimir a Zealand, conservando esa última sensación de normalidad antes del comienzo del siguiente año escolar, y del siguiente, y del siguiente. Esa es una de las cosas demasiado complicadas del autismo. Los otros chicos en realidad no parecen notar nada en un niño en el espectro de las edades más jóvenes, en los cursos más bajos. Sin embargo, con el paso de cada año, las diferencias entre Zealand y sus compañeros de clase se harían más pronunciadas. Incluso en el preescolar, yo sabía por intuición que la cuesta estaba a punto de hacerse más pendiente. Estábamos a punto de abandonar este terreno familiar de cortar y pegar, de colores primarios y sopa de letras. Los amigos campistas que había hecho durante este año iban a empaquetar sus cosas y dirigirse a una experiencia de primer grado diferente a la de Zealand. La mayoría de ellos avanzaría sin esfuerzo hasta la siguiente parada prevista en sus vidas, mientras que él tendría que luchar para dar cada paso.

Y en mi corazón, solo por ese pequeño besito rápido del recreo, me encontré de nuevo luchando, librando con desesperación la batalla interior de querer una bocanada más de la normalidad que creía haber creado, de anhelar poner de alguna manera en un frasco manejable el inminente cambio.

. . .

No soy la única mamá que haya reservado los últimos restos de sus recursos y seguridad en una botella. No. Hay una en la Biblia. Tenía un frasco de aceite y estaba guardando el poquito que le quedaba. Se había casado con un hombre de la compañía de los profetas, por así decirlo. Yo ni siquiera sabía que existiera algo llamado «compañía de los profetas», pero el Antiguo Testamento habla de ello. Eran hombres que a veces acompañaban a un profeta cuando este tenía que hablar, y se ocupaban de la música, los cánticos y tal vez tocaban instrumentos. Había otros tipos de compañías de profetas, pero se diría que el marido de esta mujer había formado parte de un grupo de alabanza y adoración, al estilo del Antiguo Testamento. Su marido había muerto, y esta mujer intentaba sacar adelante a sus dos hijos. Eliseo, perteneciente al tipo de profetas que habla, pasaba por la ciudad y la mujer lo detuvo.

«Mi esposo, su servidor, ha muerto, y usted sabe que él era fiel al Señor. Ahora resulta que el hombre con quien estamos endeudados ha venido para llevarse a mis dos hijos como esclavos» (2 Reyes 4.1).

Eliseo le preguntó a la mujer cómo podía ayudarla, y a continuación le formuló una pregunta interesante. Inquirió qué tenía en su casa. Ella le respondió que no poseía nada... salvo un poquito de aceite en el fondo de un frasco.

Hmm.

Mira qué bien. No soy la única que pertenece al club «reserva el fondo de la botella».

Eliseo le dio instrucciones para que saliera a pedir tantas vasijas como fueran posibles a sus vecinos. A continuación le indicó que empezara a verter ese poquito de aceite que le quedaba en los recipientes prestados.

Creo que ese momento debió de haber sido sumamente difícil. Allí estaba ella, con las últimas gotas de lo que conocía como seguro, con exactamente la cantidad de aceite que le quedaba a fin de intentar proveer para sus hijos. Y Eliseo le ordenó que se despojara de ello, que lo vertiera. No obstante, la mujer obedeció. Y aquel restito de aceite que quedaba en el frasco, y que ella había reservado, llenó la vasija que su vecina le prestó. Y después la siguiente. Y la siguiente. Y otra más.

El versículo 6 nos explica que su aceite, aquel pequeño resto de aceite que le quedaba, no dejó de fluir hasta que ya no hubo más recipientes.

Tan inmenso fue aquel milagro que saldó por completo la deuda de su esposo en su tarjeta de crédito del Antiguo Testamento, y tuvo suficiente para vivir ella y sus hijos.

Sin embargo, ¿sabes una cosa? Ella no es la única mamá de la Biblia que reservaba lo poquito que le quedaba en una vasija. Resulta que el antiguo jefe de Eliseo, el profeta Elías, se había encontrado con otra mujer que tenía la misma extravagancia que yo. Leemos sobre esto en 1 Reyes 17. Esa mujer era viuda y tenía un hijo pequeño. Y

Dios le ordenó a Elías que viajara a la pequeña ciudad donde esta mujer vivía, un lugar llamado Sarepta. Cuando llegó allí, vio a la mujer recogiendo leña y le pidió que le diera un poco de agua. Ella se puso en camino, y él le preguntó si podía traerle también un poco de pan. Llegados a este punto, la mujer se volvió y le reveló el estado de la tinaja y el jarro que tenía en su casa. «Tan cierto como que vive el SEÑOR tu Dios —respondió ella—, no me queda ni un pedazo de pan; solo tengo un puñado de harina en la tinaja y un poco de aceite en el jarro. Precisamente estaba recogiendo unos leños para llevármelos a casa y hacer una comida para mi hijo y para mí. ¡Será nuestra última comida antes de morirnos de hambre!» (1 Reyes 17.12).

De modo que la cosa era claramente grave. No me cabe duda de que había intentado que aquel poco de harina y aceite duraran todo lo posible. Y ahora, este sujeto extraño se había presentado en la ciudad y quería pan. Sí, qué listo. ¡Como si yo hubiera querido compartirlo con él!

Sin embargo, Elías la tranquilizó diciéndole que no debía temer. Dios le había dicho que esa mujer proveería comida para él, y el profeta creyó la palabra divina. Le indicó a la mujer que siguiera adelante y usara el resto de aquella harina y aquel aceite para hacerle un pan. Y añadió, de forma increíble, que cuando lo hiciera Dios se aseguraría de que la vasija de harina y la jarra de aceite no se acabaran hasta que terminara la sequía en Sarepta. El guion dio la vuelta completamente.

Así lo hizo ella. Vertió hasta lo último de aquella valiosa harina, la mezcló con aquel resto del precioso aceite, y le amasó una torta a aquel extraño hombre, aquel Elías.

Se despojó de lo que había estado ahorrando como algo seguro. Lo mezcló con todo lo que parecía incierto, pero le añadió el ingrediente más importante.

La fe.

Y Dios suplió todas sus necesidades.

Así es como Dios le da un nuevo propósito a nuestra incertidumbre y a todas las cosas extrañas que llevamos a cabo para intentar sentirnos seguras y a salvo. Él nos pide que entreguemos todo, que no manejemos nuestra vida desde una posición en la que nos sintamos al borde de la carencia, sino que nos apoyemos en nuestro Padre celestial que conoce todas nuestras necesidades. Aquel que concede buenos dones. El que tiene todas las provisiones.

No voy a fingir que me resulte fácil. Dudo que lo sea para ti. Pero servimos a un Dios extraordinario que nos pide que minimicemos nuestra dependencia de las cosas, de lo conocido y lo que consideramos seguro. Y cuando lo derramamos todo ante Dios, él aparece.

• • •

En la actualidad, Nic está obsesionado con un documental en particular de Netflix que hace una crónica de los esfuerzos de un par de sujetos que adoptan una forma de vida minimalista. Estas personas enseñan y predican sobre ella. Reducen su vestuario a unas pocas cosas, y se deshacen de todo lo que no tiene un propósito en sus vidas. Les muestran a los demás cómo vivir del mismo modo. Y Nic es un ávido discípulo. Los chicos del documental se desprenden de la decoración de la casa, las sábanas adicionales y ese par de pantalones que lleva dos años colgado en el armario y cuyos pliegues están llenos de polvo. De ollas y cacerolas extras. Recuerdos. Libros que ya han leído y no querrán leer de nuevo. (No como este, que querrás leerlo una y otra vez. Ya sabes, *otros* libros).

Nic veía ese documental sin cesar, como si fuera un programa de cocina y estuviera intentando anotar todos los ingredientes. Y después empezó a escuchar *podcasts* sobre el minimalismo con gran fervor. Imagino que se podría afirmar que estaba coleccionando, irónicamente, recursos minimalistas. *Era un acaparador de minimalismo.*

Luego empezó a aplicarlo a nuestra casa. Teníamos armarios y unidades de almacenaje, un cobertizo, un sótano y un garaje atiborrados de cosas. De todo tipo. Anteriores a nuestro matrimonio. Cosas de la infancia. Cosas de nuestros días de solteros. Cosas de los niños cuando eran pequeños. Cosas de nuestros padres. Y aunque siempre me han gustado las superficies limpias y sin decoración recargada, no me importa en absoluto utilizar puertas blancas para esconder cosas en los armarios detrás de ellas.

Nic trajo grandes bolsas de plástico negras para basura. No me dio órdenes, no me presionó, ni me estuvo fastidiando al respecto. Solo comenzó, sin prisa pero sin detenerse, a revisar todas sus cosas. Empecé a verlo recorrer el largo pasillo desde nuestro dormitorio hasta el salón arrastrando una enorme bolsa negra de basura tras él. Llegaba hasta la puerta principal, añadía la última bolsa a otras dos que ya tenía en la parte trasera de la camioneta, y desaparecía camino de Goodwill. Luego regresaba a casa y a lo largo de los días siguientes añadía más cosas a más bolsas negras de basura.

Con el tiempo, semana tras semana, nuestra casa empezó a verse más espaciosa. Había más espacio para respirar. Su parte del armario estaba organizada. Utilizable. Guardaba sus zapatos favoritos, sus dos cinturones, las camisas que más le gustaban. Él empezó por el garaje. Las herramientas que yo había olvidado ya que teníamos comenzaron a aparecer. Proyectos que yo había iniciado con ganas y nunca acabé comenzaron a desaparecer. No fueron las palabras de Nic, sino su ejemplo, lo que tuvo cierta repercusión en mi corazón.

Despejar es divertido. Al principio es todo un ajetreo. Resulta bastante sencillo. Cualquier cosa que no se ha usado durante un tiempo, que está fuera de moda o ya no funciona, va a la gran bolsa negra de basura. Avanzas un poco, ves algo de luz al final del armario y esto proporciona cierta emoción, combustible para seguir adelante.

Sin embargo, con el tiempo el asunto se complica un poco más. He descubierto algunas cosas que ya no parecen tener propósito en mi vida, pero a las que me siento profundamente apegada. Como la ropita de bebé de mis niños. Ahora ellos tienen diez y once, y mi fiebre del bebé ha venido e ido. Estoy bastante segura de que la fiebre cesó cuando intentaba acostumbrar a esos dos niños a usar el inodoro y ellos bautizaban cada trocito libre de la pared del cuarto de baño. Así que... ropita de bebé. Probablemente podría deshacerme de una parte de ella.

Pero... mi corazón.

Ya había hecho alguna purga en el pasado. De todos modos, cuando vivíamos en la carretera no poseía gran cosa. Sin embargo, cuando empezaron a llegar los contratos de grabación, a mis dieciséis años, mis padres alquilaron un apartamento y tuve mi propio dormitorio con baño. La ropa empezó a amontonarse. Los bolsos. Los zapatos. ¡Ah, los zapatos! Unos cuantos años después, me compré mi propia casa y la amueblé de arriba abajo. Muchas cosas permanecieron conmigo a lo largo de los años, aunque me deshice de una gran cantidad de ellas después de mi divorcio y mi traslado a Londres. Y también estaba todo aquello sentimental que había recopilado siendo mis hijos pequeños, durante su infancia, todos los trastos de equipamiento para bebé, juguetes cursis y todo ese rollo.

No obstante, el despeje lento y constante de Nic empezó a tener efecto, y yo me puse a arrastrar bolsas negras de basura por el largo pasillo, desde nuestra habitación hasta nuestro salón, y a sacarlas por la puerta principal hasta la camioneta y llevarlas a Goodwill.

Al principio resultó duro. Era algo que iba en contra de mi naturaleza. A veces tenía la sensación de estar desagradecida con las cosas que Dios me había dado. Sin embargo, la mayoría del tiempo me preocupaba no ser capaz de reemplazar aquello que ahora estaba regalando. Esto me carcomía un poco, aun sabiendo que era absurdo.

No obstante, una vez que di ese paso —bajar de la estantería ese par de zapatos que no había usado en cinco años y meterlo en la bolsa negra de basura— una vez que lo experimenté, descubrí esta divertida emoción.

Alivio.

Alivio de la lucha con la confianza.

En realidad, esto es lo que significa la necesidad de intentar aferrarse a las cosas materiales y emocionales que nos han rodeado durante tanto tiempo y equiparamos con estar «seguros». Se trata de una pelea con Dios acerca de cuánto confiamos en él. Y cuando por fin nos deshacemos del objeto, el sentimiento, ese restito de la botella, el alivio inunda el espacio donde creímos que solo quedaría vacío. Así es como Dios les da un nuevo propósito a los lugares que nosotras pensamos que permanecerían vacíos por siempre. Cuando eliminamos lo escaso y el temor, él lo llena con aquello que es posible y su propósito.

Estoy aprendiendo esta verdad no solo en lo que respecta a vaciar mi armario, no solo con aquellos frasquitos acumulados bajo el armario de aseo, sino en lo que concierne a mis temores y mis preocupaciones por Zealand. Por mucho que he intentado aferrarme a esos pequeños frascos de normalidad, Dios me está mostrando que tiene una historia sumamente mayor si vacío por completo mis expectativas y mis miedos. Él es capaz de hacer mucho con mi poco, esos pequeños restos que reservé y que ahora estoy aprendiendo a entregarle. Su tarea es darles un nuevo propósito, y yo observo cómo él toma los desechos de mis temores por Zealand y los convierte en una nueva visión. Observo cómo se hace con los sedimentos de mis angustiosas inseguridades y los convierte en mayor confianza. Observo cómo limpia los residuos de mi roñoso corazón y aumenta mi comprensión de su bondad.

Y él lo hará también para ti.

Hay una canción en cuya letra tuve el honor de participar con Aruna Abrams, Bobby Hamrick y James Slater. Es el himno de mi infancia nómada, mi búsqueda de la cura de mi incertidumbre, el viaje en el que estoy embarcada con Zealand. Se titula «Confío», y creo que también es tu canción.

> Cuando eliminamos lo escaso y el temor, *él lo llena* con aquello que es posible y su propósito.

DALE LA VUELTA AL GUION

- ¿Con qué estás luchando a fin de verter el pequeño resto delante de Dios? ¿Acaso se trata de una relación que intentas con desesperación mantener retenida? ¿Es un materialismo que según piensas te hace sentir que encajas? ¿Es una posición que te hace sentir segura, pero sabes que no es aquello para lo que Dios te ha llamado?
- ¿Qué te asusta con respecto a derramar todo tu ser delante de Dios? ¿Cuáles son tus temores a volcar esa botella y dejar que ese resto se derrame? ¿Sientes que Dios te ha estado empujando a desprenderte de algo? ¿Cómo te lo comunicó? ¿Es posible que puedas sentir la sensación de alivio al verter esa cosa en cuestión?
- Da un pequeño paso. Reconoce en oración ante Dios que estás luchando por deshacerte de esa cosa en la que has depositado tu confianza y seguridad. Confiésaselo a él. Pídele su perdón. Y después escucha lo siguiente que él tenga que decir.

Rehabilitación tras la reforma:

Dar un nuevo propósito no es bricolaje

Fueron los tres acres los que nos cautivaron.

La casa fue una especie de idea de última hora.

Cuando Nic y yo empezamos a buscar un nuevo lugar al que llamar hogar, sabíamos que queríamos tener terreno. Con árboles. Tras dejar la impecable casa del centro y probar a tener lo que sería el estereotipo de una primera vivienda en los suburbios, sabíamos en qué zona situarnos a continuación.

De modo que cuando encontré esta casa estilo rancho de mediados de siglo en el ángulo de una enorme parcela esquinada, con un patio trasero formidable y espacio para correr, con árboles que parecían tocar el cielo azul de Tennessee, me enamoré. ¡Es verdad que la casa en sí tenía algunos problemas, pero considera todo ese terreno!

¡Un gran terreno, te lo digo! Me sentía como una pionera moderna, convencida de que algunos posibles peligros podían acechar la casa, pero tan cautivada por la superficie total y el entorno que no tardamos en dar un depósito en garantía y empezamos a guardar nuestras pertenencias en cajas para mudarnos al lugar que queríamos convertir en el cuartel general Velasquez Gonzáles.

Iniciamos algunas mejoras obvias. En primer lugar, montamos una zona inmensa de juegos para los niños, la cual contaba con un fuerte impresionante, columpios y un tobogán. Pintamos todo el interior de la casa de ese color blanco impecable que adoro. Cambiamos algunas puertas por unas clásicas extraordinarias que había encontrado en un lugar local de antigüedades. Sin embargo, sabíamos que finalmente tendríamos que prestarle alguna atención al exterior de la casa. Y es que mostraba algo realmente feo.

En la parte frontal de la casa, colocado de forma precaria, había un porche deteriorado que conducía a la puerta principal. Me recordaba un mal baile de disfraces, cuando alguien se ha puesto cejas tupidas falsas y un bigote en la cara, y en algún momento durante la noche el pegamento empieza a fallar y una de esas cejas locas empieza a descolgarse del lugar donde tenía que estar. En algún momento lo habían pintado de un color gris/negro oscuro, contrastando con los ladrillos blancos crema de la casa, y conforme empezó a hundirse, encogerse y desconcharse, su estado lamentable fue cada vez más evidente contra el fondo claro de la construcción. En algún punto del pasado habían plantado unos arbustos tamaño amazónico alrededor del porche y ahora crecían bajo el suelo y se abrían camino entre las planchas de madera, sobrepasando la barandilla con una especie de celo tipo *Pequeña tienda de los horrores*. Nic y yo intentamos cuidar de nuevo las plantas y reforzar los tablones que parecían estar sueltos sobre el terreno pedregoso. Sin embargo, una selva hundida, aterradora y oscura, donde lo más fácil era que uno se torciera el tobillo, era lo primero que se veía delante de la puerta principal de nuestra casa; esto no era en absoluto la primera impresión más hospitalaria.

Yo seguía trabajando en el programa matinal de radio, y me enteré de que estaban haciendo unas audiciones para un programa en DIY Network, la cadena de bricolaje, llamado *Renovation Realities* [Realidades de la renovación]. Pensé que podría ser una buena oportunidad para que Nic y yo presumiéramos de nuestras crecientes habilidades en la rehabilitación de la casa, a la vez que nos proporcionaría una especie de plazo para rendir cuentas y acabar con aquella monstruosidad de suelo del porche. Elaboramos una pequeña cinta de audición con nuestra cámara de vídeo en casa y la enviamos a la compañía productora.

Nos eligieron.

Estábamos tan entusiasmados que saltamos a la acción a fin de preparar todo nuestro plan. Dedicamos mucho tiempo a valorar los materiales y desarrollar el nuevo proyecto de la vivienda. Al ser una casa tipo rancho de mitad del siglo, alargada y baja en su parte frontal, sabía que un sencillo sistema de cubierta con un trabajo de acero de color negro y cromado quedaría fantástico. Nos proporcionaría un lugar donde sentarnos y disfrutar de la vista delantera de la propiedad. Crearía la clase de bienvenida adecuada para nuestra familia y amigos. Establecimos nuestro presupuesto, determinamos el tipo de herramientas y materiales que necesitaríamos, lo consultamos con un amigo nuestro, Nathan, que sabía mucho de construcción, y nos preparamos para el momento en que llegara el equipo de camarógrafos de DIY Network, listos para captar nuestras superhabilidades ninjas de renovación.

Hicimos los arreglos necesarios para que los chicos se quedaran con la familia y poderlos alejar de allí durante tres días, la cantidad de tiempo que nos había dado la cadena para que quitáramos el suelo del viejo porche, niveláramos esa zona, construyéramos el nuevo e incorporáramos todas sus nuevas características. Todo iba según el programa cuando llegó el equipo de filmación.

Mi cabello se veía realmente bien aquel primer día de grabación. Muy bien. Como uno de esos días en que estás bien peinada, ¿sabes a lo que me refiero? Cuando, por la razón que sea, ese mechón tuyo rebelde está a tu favor y la mezcla de humedad y condiciones secas es justo la adecuada y tus rizos fluyen sencillamente. Esa clase de día. ¡Y encima que los equipos de filmación aparezcan justo en ese momento!

Era evidente que este proyecto de renovación iba a ser bendecido.

Nic, el equipo de grabación y yo nos dirigimos a la parte frontal de la casa, y nosotros dos agarramos los mazos para golpear aquella especie de macetero de ladrillos estrafalario incorporado al viejo suelo hundido. Era fenomenal agarrar el rectángulo de acero unido a un mango y balancearlo para golpear aquel macetero que me había estado desquiciando desde que nos mudamos. Los primeros ladrillos cayeron y empecé a vitorear como un niño en Navidad, al ver aparentemente más cerca con cada golpe de mazo cómo quedaría todo cuando estuviera acabado.

Y entonces tuvimos que seguir balanceando el mazo y golpeando. Porque eso es lo que ocurre con ese tipo de macetero. Quiero decir, quizá pretendía ser un macetero en un principio. Pero en algún momento, estoy casi segura de que quienquiera que lo construyó decidió que también podía ser un refugio contra tornados.

Seguimos adelante y adelante. Ladrillo a ladrillo. Más y más suciedad. Aquello estaba hecho para alguna clase de acontecimiento postapocalíptico, y comencé a preocuparme de que siguiéramos golpeando aquella cosa hasta la llegada del Apocalipsis.

Horas más tarde, necesitábamos acometer una tarea distinta para elevar nuestro ánimo magullado. Nic sugirió que nos dedicáramos a derribar las barandillas laterales del porche. ¡Sí! ¡Ese era el tipo de trabajo que me encantaba! Al primer balanceo del mazo, los barandales salieron volando de los costados del porche y cayeron al suelo como las teclas rotas de un piano. ¡Avance! La clase de ímpetu discernible, sincero, de «mira la obra de mis manos». Fue un momento emocionante.

Sin embargo, solo fue un instante. En serio. Como si hubiéramos eliminado en un par de minutos aquella parte del proyecto.

Entonces dirigimos nuestra atención a las planchas de madera del suelo del porche. Se habían convertido en unos tablones hundidos, deprimentes, a modo de dientes desalineados en una gran boca abierta de color gris/negro. Pensamos que no nos llevaría demasiado tiempo arrancarlas de los travesaños subyacentes del porche.

Nos equivocamos.

Retiramos unos cuantos tablones. Pero entonces empezaron a astillarse. Y algunos de ellos estaban fijados a la estructura del porche con unos clavos que parecían más bien clavos de ferrocarril. *Está bien, está bien, un pequeño contratiempo, pero estamos preparados.* Habíamos alquilado un par de sierras por si se presentaba este tipo de posibilidad. Las agarramos, extendimos cables eléctricos naranjas desde el garaje hasta el enclave de la construcción, las conectamos y nos pusimos manos a la obra.

Durante un largo minuto.

Hasta que empezó a tronar y hubo relámpagos.

Llegados a ese punto, no parecía demasiado inteligente quedarse allí, sobre una plataforma expuesta, bajo una cortina de lluvia con un aparato eléctrico. Pero tal vez sea yo la única que piense así.

Salimos corriendo para resguardarnos, junto con el equipo de grabación, y nos guarecimos en el interior, yendo al salón para encender la televisión y ver cuánto se suponía que durara la tormenta. Cada fuerte trueno que retumbaba por debajo de la pantalla era para mí como un reloj: estábamos perdiendo unas horas preciosas del tiempo que nos habían asignado para acabar este proyecto. El equipo de camarógrafos solo estaría con nosotros los tres días designados, y yo estaba decidida, *determinada,* a tener el nuevo porche instalado en todo su esplendor antes de que se marcharan.

De modo que todo el giro del SPM de la Madre Naturaleza no resultaba útil. En absoluto.

Perdimos varias horas por culpa de la lluvia, y después volvimos al exterior, nos enfocamos de nuevo y aceleramos. Tras sudar mucho más, por fin conseguimos levantar todas aquellas tablas del suelo y pudimos derribar el resto de la estructura. Ahora teníamos que ocuparnos de uno de los grandes misterios del sistema original de cubierta.

Cuando Nic y yo habíamos intentado eliminar y embellecer el porche existente, habíamos cortado parte de los destartalados arbustos que rebasaban todo el conjunto. Al hacerlo, descubrimos algo salido directamente del misterio de Nancy Drew. Era una escalera de hormigón. Una escalera a ninguna parte. ¿Te imaginas cómo sería la portada del libro? *Jaci y la escalera secreta inútil*. Y me representaría a mí con una linterna en una mano y un micrófono en la otra.

Los primeros escalones de la escalera habían estado completamente escondidos bajo todo aquel follaje, y el resto bajo el porche original. Algunos peldaños estaban cubiertos de césped artificial antiguo, un detalle adicional para toda la aleatoriedad del asunto. La escalera no parecía conducir al centro de la puerta principal, y desaparecía bajo aquel disparate de macetero de ladrillo. Cuando estábamos haciendo nuestros planes para reconstruir la parte delantera del porche, sabíamos que tendríamos que ocuparnos de aquellos escalones sin sentido.

Estábamos preparados.

Nathan se dedica a hacer muchas remodelaciones y reformas en la zona de Nashville y nos había alquilado una excavadora frontal. Le añadimos un martillo neumático hidráulico, porque sabíamos que podríamos hacer picadillo la misteriosa escalera con mayor rapidez. O más bien picadillo de hormigón. Llámalo como quieras. Ya me entiendes.

Nic había estado soñando con estar detrás del tablero de mandos de la excavadora. Se ajustó sus lindas gafas negras de sol, se deslizó a la cabina, agarró los mandos como si fuera un jefe, y se dispuso a arremeter contra aquella disparatada escalera. Parecía haber nacido para ello. Se le veía en su elemento. Machacó parte de uno de los escalones y yo le aclamé como una fan desquiciada, mientras el equipo de grabación captaba todos los matices.

Y... entonces...

El cable hidráulico del martillo neumático empezó a sonar. Y a echar humo. Y la herramienta se detuvo.

Por alguna razón habíamos acabado con la excavadora catorce minutos después de iniciar su viaje inaugural.

Se terminó el día uno de la reforma.

. . .

En lo que respecta a las cosas que nos creemos obligadas a hacer y el modo en que se supone que lo hagamos, querer copiar a otros que lo logran es algo comprensible y natural. Se puede aprender mucho de estudiar cómo actúan los demás. ¡Hay personas asombrosas que forman parte de mi vida que me han enseñado mucho! Desde cómo cocinar hasta cómo decorar y cómo orar.

Sin embargo, de forma sutil podemos empezar a extraer un mensaje de toda esa observación. Y en mi vida este mensaje ha sonado así: *Si yo pudiera ser un tipo de esposa como fulana o mengana. Si yo pudiera componer música como este o aquel. Si yo pudiera ser más esto y menos lo otro.*

Y el sonido de toda esta comparación empieza a aumentar cada vez más hasta ahogar la melodía que de verdad nos pertenece.

Sé que compararnos con los demás es un problema que existe desde la antigüedad. Incluso puedo hallar pruebas de ello en el primer libro de la Biblia, Génesis. Caín y Abel, dos hermanos e hijos de Adán y Eva, le ofrecieron a Dios un sacrificio por separado. Caín presentó algunos de los frutos que había cultivado. Abel sacrificó la parte grasa del primogénito del rebaño que había estado cuidando. Distintos predicadores tienen ideas diferentes en cuanto al porqué, pero cualquiera que sea la razón, a Dios le gustó realmente la ofrenda de Abel y le entusiasmó menos la de Caín. Y en ese momento, Caín quedó atrapado en el juego de la comparación.

Estaba furioso. Molesto. Enojado. Dios le advirtió que no basara sus emociones en la relación entre Abel y el Señor, sino que hiciera aquello que era correcto en su propia relación con él. Sin embargo, sencillamente Caín no podía dejar de comparar lo que percibía en este caso como diferencias. Dejó que la comparación se enterrara en lo profundo de su corazón. Permitió que echara raíces. La dejó florecer hasta convertirse en flores venenosas.

Y empezó a conspirar. Y a intrigar. Ya sabes cómo acabó todo. Acechó a su hermano en el campo, donde él había estado sembrando, cultivando y cosechando. Sin embargo, ese día cultivó la comparación y cosechó destrucción. En medio de su equiparación se volvió loco, atacó a Abel y lo asesinó. Sí, ese es el ejemplo más extremo de que «las comparaciones son odiosas». Pero aun así.

Verás, Caín produjo durante su vida. Después de todo, le había ofrecido frutos a Dios. Solo necesitaba esforzarse un poco más. Era preciso que trabajara más en darle lo mejor que tuviera, sus primicias, a Dios. Sin embargo, en lugar de cavar más hondo en su propia relación con Dios y lo que este quería hacer en él, decidió mirar a su alrededor. Quiso darle un vistazo al papel de su hermano y comprobar qué tipo de nota había conseguido.

Y esto provocó que dejara de correr por su camino con Dios y se desviara hacia una carrera de medir, llevar la cuenta y envidiar. No se suponía que tuviera que realizar esta carrera. Y fue una carrera que perdió.

Estoy segura de que al matar a su hermano, Caín pensó que estaba eliminado aquello con lo que él no soportaba compararse más. Es probable que creyera haber quitado de en medio a la persona a cuya altura no había estado. Sin embargo, pasó por alto que era su propio corazón, su propio juego mortal de contrastes, lo que le había costado todo. En última instancia, el libro de Génesis declara que Dios envió a Caín al mundo, fuera de su presencia, lejos de la tierra y el hogar que siempre había conocido, y lo condenó a vagar.

Aunque no he tenido que vivir con un hermano o hermana durante mi vida, sí me he comparado, medido y contrastado con otras muchas personas que me rodeaban. He permitido que los celos, la duda y la envidia se arremolinaran en el parabrisas de mi existencia y oscurecieran la senda prevista para mí. Y lo que me ocurre en esos momentos es que pierdo de vista que Dios no me ha diseñado para que sea como aquellos con los que me comparo. Él ya me ha moldeado según su propósito.

Quiero ser una aprendiz de por vida. Deseo seguir mejorando. Quiero poner a prueba mis límites, esforzarme e intentar nuevas cosas y llegar más lejos. Es bueno que tú y yo sigamos dándolo todo, que sigamos luchando por ser la mejor versión de nosotras mismas. No obstante, ese es precisamente el asunto: la mejor versión de *mí misma*. No la copia de mi amiga del barrio que tiene un físico digno de Instagram. No la imitación de lo que el público crea que debo ser ni la réplica de ese otro cantante cristiano. Cuando llegue el día de encontrarme cara a cara con Dios, él no me preguntará cuánto me he esforzado por ser un clon de la persona a la que más he admirado. Como afirma 1 Corintios 13.12: «Ahora vemos de manera indirecta y velada, como en un espejo; pero entonces veremos cara a cara. Ahora conozco de manera imperfecta, pero entonces conoceré *tal y como soy conocido*» (énfasis añadido). No creo que llegue a conocerme hasta el punto de verme cómo me ve Dios, y no me cabe la menor duda de que eso no sucederá hasta que esté con él en la gloria. Pero al menos puedo honrar lo que sí comprendo de quien Dios diseñó que yo fuera cuando me creó de una forma única.

Y tú también puedes hacerlo.

¿A quién has estado copiando en tu vida? ¿Has empezado a mover las manos al hablar como tu madre? ¿Has comenzado a usar una frase porque tu mejor amiga la utiliza todo el tiempo? ¿Crees que tienes que vestir el mismo tipo de ropa que las mujeres de tu estudio bíblico? ¿Intentas hacer las cosas como tu suegra, porque la admiras y en realidad en el fondo de tu ser quieres parecerte a ella?

Esa es la receta de los celos. De la envidia. De sentir que no das la talla. Las realidades de la renovación de un corazón nos exigen que retiremos todo aquello que nos sentimos obligadas a añadir a nuestro porche delantero para ser amables con las personas y que ellas nos acepten. Todo lo que se ha ido acumulando a nuestro alrededor, como las escaleras que no conducen a ninguna parte y los escondites de las arañas y las avispas del alma. Creamos una plataforma inestable sobre la cual invitamos a las personas a «conocernos», cuando nuestro verdadero yo está oculto, tapado y es una copia.

Las realidades de la renovación de un corazón nos exigen que retiremos todo aquello que *nos sentimos obligadas a añadir* a nuestro porche delantero, para ser amables con las personas y que ellas nos acepten.

Esa no es forma de vivir. Y no puede durar. Nos corroerá desde adentro o explotaremos por fuera y acabaremos sintiéndonos muy lejos de Dios.

La comparación es un juego en el que nosotras establecemos las normas, pero que nunca podemos ganar.

Así que niégate a jugarlo.

. . .

El segundo día de nuestra participación en *Renovation Realities* de la DIY Channel empezó bien. Nuestro amigo Nathan trajo un dispositivo distinto para la excavadora. Al parecer, Nic podría seguir viviendo su fantasía de comandante de la maquinaria y podríamos acabar con la demolición del porche más rápido.

Lo esperaba de todo corazón. Llevábamos horas de retraso con el programa del proyecto, y tendríamos que recuperar bastante tiempo para cavar el foso y poner los cimientos del nuevo porche, echar el cemento y dejarlo fraguar.

Nic arremetió de nuevo contra la misteriosa escalera. Hasta que de la excavadora salió un horrible chirrido. El gran gancho que sustituía al martillo neumático y el sistema hidráulico se había soltado de la riostra de la excavadora y se precipitó contra el suelo, evitando por muy poco las piernas de Nic. Yo oraba y entraba en pánico al mismo tiempo. Pudimos alinear el gancho otra vez y lo volvimos a colgar en la riostra. Parecía estar bien asegurado, pero dio la impresión de aflojarse cuando Nic retomó la tarea de cavar. Así que corrí al garaje y busqué alguna cuerda para intentar asegurarlo mejor.

Está bien, está bien. No era algo como una soga fuerte de ferretería. Era... como una cinta ornamental. Como esas con las que se adorna un regalo.

Bueno. Júzgame todo lo que quieras. Pero yo solo estaba intentando resolver un problema tan rápido como pudiera. ¡Se nos estaba escapando la luz del día! ¡Teníamos que recuperar el tiempo!

Nic me hizo saber que la cinta de regalo, y en particular las centelleantes, no era probablemente lo que más nos ayudaría en este caso. Entonces buscamos cinta de embalaje negra y sujetamos bien los cierres del gancho, que parecían abrirse todo el tiempo. Todo parecía ajustado de nuevo, y Nick volvió literalmente a la excavación. Fue entonces cuando el gancho se movió otra vez, los cierres se abrieron, y cayó de nuevo.

¡Se acabó! No podíamos usar la excavadora. Los posibles costos involucrados, en particular las rótulas de Nic, no parecían valer la pena comparados con las supuestas ventajas.

Fuimos de nuevo a la tienda de herramientas y conseguimos una versión más pequeña de excavadora, de esas que uno opera permaneciendo de pie, todo ello mientras los camarógrafos nos esperaban y con la fecha límite cada vez más cerca.

Me puse a trabajar con la excavadora pequeña, eliminando los vestigios finales del disparatado macetero de ladrillos, el resto del hormigón de la misteriosa escalera y la barra de acero de la vieja estructura del porche. Estaba bastante orgullosa de mis logros de demolición hasta que casi derribé un enorme trozo de hormigón sobre mi cabeza. Jamás me he sentido tan contenta de devolver algo a la tienda como cuando entregamos aquella segunda excavadora.

A estas alturas, por fin la zona estaba limpia, un día más tarde de lo que pensamos. Pero seguíamos teniendo esperanza y la visión completa de lo que íbamos a construir.

Amaneció el tercer día. Llegó el momento de cavar los huecos para los nuevos postes del nuevo porche moderno y elegante. Sacamos las palas, medimos con exactitud el lugar donde queríamos que se ubicaran los postes, y empezamos a cavar. Era un trabajo arduo, y las ampollas empezaron a aparecer en las palmas de nuestras manos. ¡Conforme el día avanzó, me sentía muy orgullosa de lo que Nic y yo estábamos consiguiendo! Ya teníamos los huecos de los postes a la profundidad adecuada, en todos los lugares correctos. Mezclamos el hormigón y lo vertimos de la manera apropiada en los agujeros, listos para recibir los postes. Yo sabía que lo más probable era que tuviéramos que trabajar durante toda la noche para cumplir con el plazo, pero estaba dispuesta a hacerlo, dispuesta a demostrar que lo teníamos todo resuelto.

Una vez que el hormigón estuvo mezclado y los postes en su lugar, leí la parte trasera del saco. Supuestamente era de fraguado rápido. Y en mi mente esto significaba que luego de colocar el poste necesario en el hormigón cuidadosamente mezclado, podíamos esperar solo una hora o dos, y después comenzar a colocar las vigas transversales para iniciar la construcción del porche.

Pero aquellas instrucciones de manipulación que aparecían en el reverso del saco contenían una información discordante. Su definición de «fraguado rápido» era bastante distinta a la mía o la de Nic. La diferencia era casi nada... solo unas cuarenta y siete horas de diferencia.

Resultó que el tiempo de secado que este tipo de hormigón en particular requería era de dos días completos, cuarenta y ocho horas, para que quedara fraguado por completo. Me quedé allí de pie, empapada en sudor, con mechones de pelos que salían de mi cola de caballo y se pegaban a mi rostro, toda cubierta de barro, intentando digerir la información.

No podríamos acabar a tiempo. Desde luego, no en el tiempo que nos había asignado el programa *Renovation Realities*. No en el tiempo que se nos había dado para nuestro segmento. A la mañana siguiente, los camarógrafos recogerían sus cosas y se marcharían. Los niños volverían a casa.

Y el hormigón seguiría estando blando. El hormigón del que dependería la integridad misma del nuevo porche. El hormigón que serviría de cimiento.

Nic y yo nos miramos. Y empezamos a alejarnos de las cámaras, fue como una especie de paseo de la vergüenza.

Después de que los camarógrafos ya se habían ido, después de que el hormigón fraguara días más tarde, luego de todo esto, nuestro amigo Nathan se presentó. Le dio un vistazo a lo que habíamos hecho ya y a lo que quedaba por hacer. Verificó nuestros planos y los materiales que habíamos comprado. Y aportó toda su maestría y su talento. En el espacio de una tarde, más o menos, acabó el porche con el que yo había soñado, con la geometría perfecta de madera de teca y acero que iría a juego con la parte delantera de la casa, los ladrillos blancos y el paisaje. Y es hermoso. Sigue siendo uno de mis lugares favoritos de nuestro hogar.

Tras la marcha del equipo de grabación me sentí como un tremendo fracaso. Como si todo el esfuerzo invertido, todo el sudor, las ampollas, las picaduras de insectos, la casi decapitación y la casi rotura de rótulas con la maquinaria pesada hubieran sido inútiles. Y entonces, cuando contemplé la relativa facilidad con la que Nathan montaba todo aquello, empecé a comparar el desastre que yo sabía que habría hecho con la belleza que él había creado.

Había visto cómo otras parejas alcanzaron el éxito en episodios anteriores de *Renovation Realities*, y ahora sentía el aguijón de no haber llegado a la meta. Me preocupaba que quedáramos como idiotas en comparación con lo que esas personas del programa habían sido capaces de lograr en el mismo marco de tiempo. Vamos, lo que quiero decir es que lo único que habíamos conseguido era derribar algo que se estaba cayendo a pedazos; sabes a lo que me refiero.

Sin embargo, todo había salido mal.

Nathan tiene un don, un verdadero talento para la renovación. Y a esto le ha añadido tiempo, aprendizaje y destrezas. Él ha perfeccionado lo que es capaz de hacer, y de verdad que es un llamado en su vida ocuparse de edificios a punto de desmoronarse y convertirlos en algo acogedor y bello. Y Nic tiene un don. Puede trabajar realmente más duro que nadie. Tiene algunas habilidades impresionantes para ver los pasos necesarios en un proyecto y no tiene el más mínimo temor de lanzarse de cabeza. Y yo tengo un don. Tengo la capacidad de visualizar lo que podría llegar a ser y aplicar lo que he recopilado de los lugares a los que he ido y las experiencias que he vivido.

De modo que cuando dejé de compararme con otros invitados del programa y con lo que Nathan había sido capaz de hacer, descubrí algo realmente hermoso.

Cuando cambiamos la comparación por la colaboración, podemos edificar. Construir algo que nos sobrepasa, que dura, algo que celebra todos los dones que cada uno pueda aportar.

En mi vida todavía hay muchas cosas que necesitan ser renovadas. Están los problemas del pecado que estoy excavando y desechando. Hay lugares donde tengo que permitir que el hormigón fragüe en lo que respecta a la confianza. Tengo lo mío y tú también tienes lo tuyo. Para ser sincera, rehacer, demoler y diseñar de nuevo todo aquello que lo necesita puede ser algo bueno. Puede resultar saludable.

Sin embargo, eso significa que no podemos permitir que la comparación tenga voz.

Y he aquí lo que también he aprendido.

Yo quería a toda costa realizar el proyecto de aquel porche delantero, llevarlo a cabo yo misma. Me enorgullecía demostrarles a todos lo que podíamos hacer. Quería lograrlo ante muchos espectadores.

No obstante, hay momentos en los que tenemos que pedir ayuda. Hay períodos en nuestras vidas en los que aquello que se precisa hacer no debería ser todo un trabajo de bricolaje. Deberíamos contar con la ayuda de un amigo de confianza, un consejero, un pastor, un mentor. Ellos son las personas que tienen experiencia con la maquinaria pesada. Son las personas que ya se han enfrentado a retos en su vida, y saben cómo ayudarnos a reconstruir a partir de un cimiento firme. Así que hay un tiempo para renunciar a nuestro deseo de recibir la credibilidad pública por nuestra capacidad en el bricolaje y apoyarnos en quienes han estado allí antes, quienes saben cómo hacerlo y son capaces de compartir sus dones con nosotras.

Ahora, cuando nos planteamos un nuevo proyecto de renovación en nuestra casa, tengo una forma nueva de considerarlo. Intento dejar el juego de la comparación en la puerta y excavar de verdad en lo que necesitamos, lo que funcionará para nosotros. Y a continuación, soy verdaderamente sincera con respecto a lo que se nos da bien a Nic y a mí y lo que supera nuestra capacidad. Y esto no solo se aplica a la morada física donde vivimos, sino a la casa espiritual de nuestros corazones. Porque las realidades de una reforma, se trate de reedificar un porche o una vida, pueden verse acompañadas de la comparación o fortalecidas por la colaboración.

Esta es la buena noticia. La comparación es siempre una elección. Y puedes escoger bien.

DALE LA VUELTA AL GUION

- ¿En qué ámbito te parece establecer siempre comparaciones? ¿En tu matrimonio? ¿En el diámetro de tu cintura? ¿En tus finanzas?
- Cuando descubres que estás jugando al juego de la comparación, ¿cómo te sientes? En mi caso, suelo sentirme *inferior*, como una perdedora. Sin embargo, conozco a personas a las que hacer uso de la comparación las hace sentir mejor, porque

juegan a ello desde la postura de rebajar a los demás y sentirse superiores. En tu caso, ¿de qué se trata?

- ¿Has aprendido de alguien la tentación de la comparación? ¿Procedes de un trasfondo en el que tus padres comparaban tus resultados escolares con el de todos los demás? ¿Cómo te hacía sentir esto?
- ¿Qué requieres para avanzar tú y tus hijos? ¿Cómo mejoraría tu vida si pudieras dejar el tema de las comparaciones?
- ¿Cuáles son algunas cosas de tu vida que te gustaría renovar? ¿Has intentado hacerlo tú sola, como un trabajo de bricolaje completo? ¿A quién recurrirías para pedir ayuda con parte de la «maquinaria pesada»?

Once

El gran dador de un nuevo propósito

Con el diagnóstico de autismo de Zealand llegaron algunas respuestas.

Y toda una carga de preguntas.

Una de ellas no era tan importante en el paisaje de tantas incógnitas. Pero aun así. ¿Sería él un buen nadador?

Nic y yo nos esforzábamos con Zealand y Søren en la piscina, les dábamos clases de natación, hablábamos de la seguridad en el agua, nadábamos un poco más, y otro poco más. Nos sentíamos agradecidos de que los chicos llegaran a convertirse en unos nadadores capaces e inteligentes. A ambos les encantaba el agua, flotar en la piscina, con sus oscuras cabezas mojadas reluciendo a juego como ónice bajo el sol de Tennessee. Ambos podían bucear para buscar un anillo en el fondo de la piscina, flotar de espalda con serenidad durante largos tramos, y podían cruzar a nado el largo de la piscina... de un lado a otro... una y otra vez.

No obstante, Zealand tenía su propio enfoque de las cosas. Nadaba usando un solo brazo. El derecho. Pataleaba con ambos pies, pero mantenía el brazo izquierdo pegado a su costado mientras emprendía extensas vueltas a través de la piscina. En tierra, Zealand no manifestaba señales de debilidad ni de resistencia para usar su brazo izquierdo. Sin embargo, en el agua era otra historia, y no había forma de coaccionarlo o alentarlo para que pudiera cambiar sus brazadas torcidas por el agua.

¿De qué se trataba todo aquello? ¿Acaso era algo en lo que debíamos insistir para que lo cambiara? ¿Qué importancia tenía para él usar un solo brazo en lugar de los dos? ¿Había otros niños por ahí, en el espectro, que hicieran lo mismo? ¿O acaso era algo único de Zealand?

Con el tiempo, decidimos que no era algo contra lo que debiéramos luchar. A Zealand se le daba bien el agua y sabía cómo manejarse. Ese era el objetivo, ¿no es así? De modo que dejamos de preocuparnos por ello, y sencillamente dejamos que el niño nadara.

Cuando Zealand tenía seis años, yo formaba parte de una película titulada *Last Best Summer Ever* [El último mejor verano de mi vida]. Adoraba al director, a su esposa y a su inmensa tribu de hijos. Como estábamos rodando la película en Nashville, el director alquiló una gran casa para que su familia viviera en ella durante el tiempo que durara la producción del filme, y cuando acabamos invitó a todo el elenco y al equipo para celebrarlo alrededor de la piscina. Nic, los niños y yo asistimos a la fiesta. El patio trasero estaba lleno de la magia de una barbacoa de verano, con un paisaje espectacular y una amplia y suave extensión de césped, mesas de pícnic y sillas de jardín. Las hamburguesas y los perritos calientes se amontonaban sobre las mesas y humeaban sobre la parrilla. Era un día hermoso, soleado, lleno de niños felices que salpicaban y conversaban, de adultos que reían y disfrutaban del entorno y la celebración.

Nic estaba hablando con alguien del equipo y a la vez vigilando a nuestros niños que nadaban juntos en la piscina. Mientras hablaba con el hombre, observó a la hija pequeña de este que estaba nadando. Nic la señaló con el dedo y le preguntó al padre si la niña nadaba bien. Su padre la observó un instante y contestó que estaba bien, y volvió de nuevo a la conversación. Nic siguió con la vista puesta en la nena, mientras algo en su sentido de araña como papá le hacía una advertencia. En otro rápido segundo, pareció que ella empezaba a luchar. Y en esa milésima de segundo, se hundió.

Nic se percató de que Zealand era quien más cerca estaba de ella en la piscina, y antes de que nadie pudiera pronunciar una sola palabra o empezara siquiera a correr, Zealand salió disparado, con el brazo derecho como una espada recortando la distancia y las piernas pataleando con ritmo. Llegó a donde estaba la pequeña antes de que ninguno de los adultos pudiera entender qué estaba sucediendo. Y rodeó con su brazo izquierdo, el que nunca había usado para nadar, *ese brazo,* a la niñita. A continuación, con el brazo derecho, el único que siempre utilizaba para nadar, ese que se había ido haciendo más fuerte y que cortaba con mayor destreza el agua, con ese brazo nadó y llevó a la niña hasta los escalones donde su padre se sumergió para tomarla del abrazo de Zealand.

Asustada y escupiendo agua, estaba a salvo.

Todo ese tiempo de natación lateral derecha había entrenado y fortalecido a Zealand para un rescate en el agua muy superior a la experiencia de su edad y que sobrepasaba la capacidad física de la mayoría de los niños de seis años.

Así, sin más, el extraño estilo de Zealand al nadar como un pato reveló su nuevo propósito mayor. Aquello que parecía torcido en tierras de las expectativas mostró su gracia en la realidad del reto.

• • •

Tengo muchas preguntas para Dios. Hay cosas sobre él que me confunden y me dejan perpleja, cosas que no entiendo, que no tienen sentido para mí o no parecen encajar. Sin embargo, una cosa que sí sé con respecto a Dios es que él es creativo. *Bueno, bueno, Jaci*, podrías pensar. *Él creó el universo y el ornitorrinco, ¡por el amor del cielo!*

Sí, yo sé que él es creativo en ese tipo de maneras. Sin embargo, me estoy refiriendo a su creatividad en los detalles y momentos de nuestras vidas. Esa clase de creatividad activa que aparece después de que yo haya formulado un montón de preguntas y haya pensado en las cosas difíciles. Y ese tipo de creatividad divina no es exactamente una respuesta clara como el cristal a las preguntas que yo le he estado haciendo, sino una asombrosa ingenuidad que se presenta de la forma más inesperada y me proporciona un pequeño vislumbre de su propósito mayor.

Una de las formas en que continúa deslumbrándome con su inventiva es, en realidad, tocando un ostinato cuando menos lo espero. En la música, a veces puedes oír tocar un ostinato. Una canción se está interpretando de la forma esperada, y entonces un guitarrista o vocalista asombroso sale justo ahí con esta increíble improvisación. Irrumpe con el instrumento y hace un punteo o grita con su voz de una forma que hace surgir por completo el corazón de la música aunque sea inesperado e improvisado. He observado cómo una audiencia tras otra cobra vida cuando un músico de talento hace un ostinato en medio de una canción. Esto vivifica la música, eleva toda la sala y hace que la canción parezca viva y más cercana.

Eso es lo que siento cuando de repente aparece de forma inesperada y brillante este ostinato de Dios justo en medio de las cosas a las que he llegado a acostumbrarme y que transcurren de acuerdo con todas mis preguntas y temores. Así me sentí aquel día en la fiesta de la piscina, cuando todas las preocupaciones que teníamos por la forma de nadar de Zealand con un solo brazo de repente experimentaron aquel ostinato, ese momento lleno de la creatividad y el propósito de Dios. En la música, un ostinato no significa que el músico se descarrile y toque una canción distinta a la que va con la melodía. Quiere decir que el músico usa aspectos de la canción —la clave, ciertas notas repetidas, ciertos tempos— y les da un nuevo propósito para crear aquello que revela la canción a un nivel aún mayor. Y es lo que yo vi hacer a Dios aquel día en la fiesta de la piscina. Él no se salió por completo de la página. Sencillamente escribió de nuevo lo que yo ya sabía sobre Zealand: que tiene esa disparatada forma de nadar con un solo brazo, y entonces me hizo ver un rayo de brillantez y una historia más importante cuando mi hijo rescató a aquella niñita.

Era como si pudiera escuchar la canción de la vida de Zealand de un modo completamente nuevo, y todo porque Dios compuso de una manera brillante algo que yo no había considerado antes.

• • •

Escucha, creo que algunos de los personajes de la Biblia fueron un poco criticados por no entender quién era Jesús. Aguarda un momento a que te explique antes de poner el grito en el cielo.

Nosotras nos sentamos aquí con la ventaja de disponer del canon completo de la Biblia. Tenemos nuestras listas en Internet que nos muestran centenares de las distintas profecías de Jesús ya cumplidas. Meneamos la cabeza y nos asombramos de que la gente no lo «entendiera» cuando Jesús estaba en la tierra, de que no pudieran ver cómo se iban cumpliendo todas las asombrosas promesas antiguas delante de ellos. Es decir, allí estaba, había nacido en Belén, justo como anunció Miqueas 5.2: «Pero de ti, Belén Efrata, pequeña entre los clanes de Judá, saldrá el que gobernará a Israel; sus orígenes se remontan hasta la antigüedad, hasta tiempos inmemoriales».

Y nació de una virgen, como presagió Isaías 7.14: «Por eso, el Señor mismo les dará una señal: La virgen concebirá y dará a luz un hijo, y lo llamará Emanuel». Lo que intento decir es, bueno, ¿cuáles son las probabilidades? Y además tenemos toda esa cosa de la genealogía con respecto a que descendía del linaje de Abraham y la tribu de Judá, y todo lo que se cumplió por parte de los antepasados de José y María. Y eso solo en cuanto al nacimiento de Jesús. ¡Fueron muchas las profecías del Antiguo Testamento que se cumplieron a través de su vida!

Sin embargo, he aquí el problema. Muchos creyeron que el Mesías vendría como guerrero militar literal. Como alguien perteneciente a las fuerzas de operaciones especiales de tierra, mar y aire, si quieres decirlo así, nadando con los dos brazos hasta alcanzar la orilla de la injusticia y la opresión romana, tomando la playa por asalto e introduciendo un nuevo gobierno. En cambio, este hombre se apareció en una familia corriente, que vivía en una ciudad anodina, sin dinero, sin posición, sin forma discernible de sacudir al ejército y al gobierno en funciones. Era como si nadara contra la corriente cultural, con un brazo atado a la espalda. Y esto no era lo que la gente buscaba ni lo que esperaba. Él no hablaba como ellos creyeron que lo haría. No miraba como pensaban que lo haría. No los instó a rebelarse contra los romanos. No provocó una sublevación.

Y a causa de esto, porque ellos interpretaban las profecías del Antiguo Testamento sobre un Salvador a través del paradigma de los acontecimientos de la época, no oyeron el ostinato que Dios estaba tocando.

Existen varias ocasiones en el Nuevo Testamento donde las Escrituras señalan que Jesús extendió su mano para sanar a alguien. Y en Apocalipsis se indica que él tiene siete estrellas en su diestra. Algunos creen que estas representan a las primeras iglesias primitivas; otros tienen ideas distintas con respecto a su significado. Comoquiera que lo interpretes, sabemos que aluden al poder que él ostenta en esa mano derecha.

Sin embargo, hay algo que podemos perdernos algunas veces, como les ocurrió a muchos de los contemporáneos de Jesús. En lo tocante a nuestra salvación, él usó ambas manos. Las extendió. Sobre una cruz. Atravesadas por los clavos. En una mano, tenía el poder de pedirle a Dios que enviara a una legión de ángeles para ponerle fin a su propio sufrimiento. Pero en la otra, mostraba su sumisión a cómo Dios le daría un nuevo propósito a la comprensión de las personas con respecto al concepto y la profecía del Mesías, y lo ampliaría hasta que superara con creces lo que ellos podían imaginar.

A mí me parece que Jesús tenía ese brazo izquierdo preparado para recogernos cuando nos estuviéramos ahogando en la resaca del pecado.

• • •

Transcurría octubre del 2015 y llevábamos a los niños al Lugar Más Feliz de la Tierra. Tal vez lo sea, siempre que no te importe pagar un ojo de la cara por unos sándwiches de crema de cacahuete. Eran las extraordinarias vacaciones de la familia Velasquez-Gonzáles a Disney World, y estábamos entusiasmados. Habíamos planeado y ahorrado durante mucho tiempo para este viaje, y los niños (me refiero a Zealand, Søren y Nic) estaban cautivados por la emoción. Llegamos al parque con un plan de batalla completo, con toda clase de ideas y consejos sobre cómo lograr disfrutar de todas las atracciones y ver todas las presentaciones.

Sin embargo, yo estaba luchando. Llevaba un par de semanas con una extraña tortícolis, y mientras más tiempo llevábamos en el parque, caminábamos y comíamos los sándwiches supercaros de crema de cacahuete y jalea, más me dolía. En un momento dado, después de una de las atracciones, sentí que apenas podía girar la cabeza. Nic se percató de mi esfuerzo, y decidimos que me tomaría una tarde para recibir un masaje que calmara los irritados músculos de mi cuello.

Así que fui a la consulta del terapeuta, dejando que Nic se las apañara con los niños.

El masaje pareció ayudar un poco. Me seguía doliendo el cuello, pero ya no tenía los hombros pegados a las orejas en respuesta al dolor. Volvimos a casa desde Orlando, completamente satisfechos de Disney y cansados, pero felices. Yo regresé de nuevo a los horarios de mi programa matinal en la emisora de radio, la escuela de los niños, y las fechas de los viajes musicales míos y de Nic.

Hasta agosto del 2016.

Ahora puedo mirar en retrospectiva y ver que las cosas se estaban preparando, pero en aquel momento me tomaron por sorpresa. Me desperté una mañana con un dolor increíble que me impedía respirar. Se irradiaba desde el núcleo candente de la parte trasera del cuello y recorría toda mi espalda. Por encima de los hombros. Eran oleadas de dolor que explotaban desde ese centro de lava en mi cuello y enviaban ríos de fuego por todo mi cuerpo.

De alguna manera, Nic logró llevarme toda retorcida a la consulta del doctor, quien programó una resonancia magnética. Esta reveló que tenía una importante hernia y protrusión de los discos en la C5, C6 y C7, exactamente las vértebras de la zona en la que se encuentran el cuello y los hombros. La C6, en particular, es el punto donde la raíz del nervio se desvía para crear el movimiento y controlar tus brazos. La C5 es fundamental para la flexibilidad y el soporte de cuello y hombros, así como también lo es la C7. Se trata de una zona que también puede ser susceptible al daño por nuestra forma de erguir la cabeza, sentarnos y girarnos para mirar las cosas y la pantalla de una computadora.

Y por la manera en la que nos colocamos frente a un micrófono. Por ejemplo, en una emisora de radio.

Exactamente.

Tras la resonancia magnética, me dieron la baja médica. No podía seguir haciendo radio, ya que sentarme tras el micrófono lo empeoraría todo. No podía hablar, pues incluso los músculos necesarios para el habla y los de la garganta estaban inflamados e irritados por todo el caos de mi cuello. Se suponía que tenía que tomar las cosas con calma, descansar y enfocarme en evitar aquello que pudiera irritar más y crear mayor hinchazón y protrusión en mis discos.

El reposo obligatorio que podía manejar.

El dolor que no podía soportar.

Un dolor constante. Con cada aliento. Cuando giraba la cabeza era como si me clavaran un puñal. Esforzarme para mantener mi cabeza quieta me taladraba el cerebro. Hablar era muy doloroso. Vestirme era sentir como hojas de afeitar.

Puedo escuchar tu siguiente pregunta, y la entiendo, de verdad que sí. *¿Por qué no tomar medicamentos y ya?*

La medicación me asustaba más que el dolor. En mi vida ha habido muchas personas que han acabado siendo adictos. He visto el efecto en los seres humanos, sus familias, sus profesiones. Decidí no atiborrarme de fármacos para lidiar con el dolor, y escogí aguantar lo que pudiera a base de ibuprofeno y una almohadilla térmica. Sé que no es lo que cualquiera escogería, y honro cualquier elección que tú hayas hecho para tratar con el dolor crónico. En mi caso, quería acabar con este período emergente de inflamación de la mejor forma posible, sin mayor riesgo para mi sistema.

Los médicos se reunían y se consultaban para resolver qué hacer a continuación. Para muchos, en mi condición el paso siguiente tenía que ser la cirugía. Sin embargo, esta conllevaba un montón de riesgos para cualquiera, y muchos más en mi caso. Verás, los médicos tienen que hacer una incisión a través de mi garganta para llegar al lugar donde mis discos cervicales están hechos un desastre. Sí. Tienen que entrar por delante para llegar a la espalda. Y esto significa cortar justo en la zona cercana a mis cuerdas vocales. Esas cuerdas vocales. Las que uso para cantar. Las que estaba usando en esos momentos para ser una presentadora de radio en vivo. Aquellas cuerdas vocales. Y esto tampoco parecía ser una gran idea. Mis doctores no estaban del todo seguros de que fuera el mejor procedimiento para mi situación.

Posible adicción a los opiáceos. Y probable daño en las cuerdas vocales si dábamos el paso a la cirugía. Además de la incertidumbre de provocar una catástrofe en los discos cervicales de mi cuello, que controlan una enorme cantidad de movimientos en todo mi cuerpo. Mis doctores no tenían gran confianza en que la operación funcionara. ¡Cuántas elecciones encantadoras y seguras tenía ante mí! Ninguna.

El nivel de dolor tardó varias semanas en disminuir un par de grados. Lentamente fui regresando al trabajo. Pero ahora tenía un nuevo compañero, algo que estaba conmigo todo el tiempo, en todo momento, que no gritaba por sí mismo, pero que siempre se mantenía sonando: el dolor crónico.

Y me sigue acompañando hoy. Cuando me despierto por la mañana, ahí está como un susurro urgente. Para la hora de almorzar, alcanza el nivel de un rugido sordo. Cuando los niños llegan a casa procedentes de la escuela, ya es lo bastante fuerte como para dificultar la concentración. Y a la hora de acostarme es casi lo único que puedo oír.

Dolor, dolor, dolor, como una gotera constante en el lavabo del cuarto de baño.

Vivir con un dolor crónico te mantiene en vilo. Todo el tiempo. Físicamente es casi imposible relajarse, porque todos los nervios y los músculos están en alerta máxima, listos para alborotarse si mueves la cabeza de la forma equivocada o te bajas de una silla por el ángulo incorrecto. Y eso significa que tu genio está siempre a punto de dispararse. Que tus emociones permanecen apenas acorraladas detrás de una cinta de papel. Que tu paciencia se agota luego de aplicarla al dolor, de manera que no queda suficiente para ocuparse de cosas como la crisis en el trabajo, los niños y tu esposo. Y de los pollos. *¡Ejem!*

Cuando comenzó todo esto, tenía mucho que decirle a Dios al respecto. En aquellos primeros días de desesperación, me conformaba con un *Dios, haz que esto cese.* Luego pasé a todo tipo de confesiones positivas, como que estaba sanada, que todo estaba bien, que pasaría. Y te lo aseguro, yo creo en los milagros. Los he visto producirse. Los he comprobado en mi vida y sé cómo orar para pedirlos, aferrarme y creer a lo grande.

Sin embargo, por mucho que oraba y confesaba, este enredo con el tormento no iba a ninguna parte. Me tenía literalmente agarrada por el cuello y me sacudía con crueldad, como un lobo a un conejo que tuviera entre sus fauces.

Después inicié las negociaciones con Dios. Si él hacía esto, yo haría aquello. Se me ocurrieron ideas geniales, y debo decir que Dios iba a conseguir una gran ganga con el trato.

Sin embargo, sentí que ni siquiera se había sentado a la mesa.

En todas estas etapas, las preguntas que le hacía a Dios abarcaban una gama desde *¿Por qué está sucediendo esto, Dios?* hasta *¿Qué he hecho mal para merecer esto, Dios?* y Dios, *¿es que has dejado de escucharme?*

No obstante, al final acabé por dejar de monologar y regatear. Y formulé la pregunta correcta.

Señor, ¿qué hago con este dolor?

Y entonces las respuestas empezaron a aparecer.

· · ·

Sé que hay muchas personas que no tienen espacio en su teología para cuando las cosas se tuercen en la vida. Rayos, preferiría un sistema de creencia que implicara que todo me saldría bien y que nunca existiría la natación con un solo brazo, ni las lesiones de cuello, ni los inconvenientes, ni las tragedias pequeñas o grandes. Me encantaría que todo el mundo tuviera agua limpia y un lugar seguro donde vivir. Y si todos poseyeran un poni y también un automóvil Tesla, estaría en la gloria.

Sin embargo, vivimos en un mundo totalmente caído, y eso significa que vivimos en un césped fragmentado, con los bordes andrajosos de lo que podría haber sido, con la metralla restante de la decisión explosiva de Adán y Eva de escuchar al enemigo y comer el fruto del conocimiento del bien y del mal.

¡Vaya con Adán y Eva!

Y aquí estamos. Con las rodillas despellejadas, los tobillos raspados, y esforzándonos todo lo posible por atravesar este campo traicionero llamado vida. Y estoy convencida de que Dios provee y nos muestra su favor. Lo creo de verdad. No obstante, no me parece que nos haya dado garantía alguna para hacerlo a nuestra manera y facilitarlo al máximo. En realidad, Jesús fue directo con nosotros y nos hizo saber que a veces las cosas se van a poner muy feas. Él advirtió: «Yo les he dicho estas cosas para que en mí hallen paz. En este mundo afrontarán aflicciones, pero ¡anímense! Yo he vencido al mundo» (Juan 16.33). *Hmm*, ¿gracias?

Preferiría seguir a un Salvador sincero conmigo y no a uno que me pretende tranquilizar, pero que permite que me engañe cuando la vida golpea. Y aunque me gustaría borrar el versículo anterior y tomarlo como algo que solo les dijo a los discípulos, como una especie de requisito de trabajo para ellos antes de convertirse en los padres de la iglesia, si seguimos leyendo en el Nuevo Testamento veremos que la vida cristiana, ya seas líder de la iglesia primitiva o no, nunca se ha promocionado como algo sin dolor y libre de luchas.

> Preferiría seguir a un Salvador *sincero conmigo* y no a uno que me pretende tranquilizar, pero que permite que me engañe cuando la vida golpea.

Cuando le escribió a la iglesia en Corinto, el apóstol Pablo habló de las luchas que había experimentado, por las que pasamos todos. Él aconsejó: «Por tanto, no nos desanimamos. Al contrario, aunque por fuera nos vamos desgastando, por dentro nos vamos renovando día tras día. Pues los sufrimientos ligeros y efímeros que ahora padecemos producen una gloria eterna que vale muchísimo más que todo sufrimiento. Así que no nos fijamos en lo visible, sino en lo invisible, ya que lo que se ve es pasajero, mientras que lo que no se ve es eterno» (2 Corintios 4.16-18). Y Pablo no fue el único que tocó este punto. Santiago, el hermano de Jesús habló de esto mismo:

Hermanos míos, considérense muy dichosos cuando tengan que enfrentarse con diversas pruebas, pues ya saben que la prueba de su fe produce constancia. Y la constancia debe llevar a feliz término la obra, para que sean perfectos e íntegros, sin que les falte nada. Si a alguno de ustedes le falta sabiduría, pídasela a Dios, y él se la dará, pues Dios da a todos generosamente sin menospreciar a nadie. Pero que pida con fe, sin dudar, porque quien duda es como las olas del mar, agitadas y llevadas de un lado a otro por el viento. Quien es así no piense que va a recibir cosa alguna del Señor; es indeciso e inconstante en todo lo que hace. (Santiago 1.2-8)

Verás, solía gustarme leer ese pasaje en Santiago solo por la parte de «pida con fe, sin dudar». Como quien no quiere la cosa, la interpretación de Jaci leía solo esta parte, como si Dios fuera una especie de genio de la lámpara mágica. Sin embargo, hay una palabra realmente importante que me gustaba saltarme. Lo que el pasaje afirma es que «si a alguno de ustedes le falta *sabiduría,* pídasela a Dios, y él se la dará [...] Pero que pida con fe, sin dudar» (énfasis añadido).

¡Ah!

Pide sabiduría. Y no dudes de que Dios te la dará.

Esto es un poco distinto a un Dios tipo «Amazon.com con envío Prime».

Sabiduría.

Al leer la historia de Salomón, veo que Dios se deleita cuando uno de sus hijos le pide sabiduría con respecto a una situación en lugar de cuestionarla. Dios se entusiasmó tanto en el momento en que este rey le pidió sabiduría en lugar de posición, comodidad, más tierras o dinero, que no solo le concedió lo que solicitó, sino que también le proveyó todo tipo de cosas.

Con demasiada frecuencia, al enfrentarnos a la dificultad, a circunstancias que nos machacan y nos dejan perplejas, olvidamos formular esta importante pregunta. Estamos demasiado enfocadas en el porqué, la injusticia y el estrés de todo lo que estamos experimentando.

Sin embargo, hay una petición que necesitamos hacer y después una pregunta que tenemos que formular, esa que lo cambia todo.

La petición: «Dios, dame sabiduría».

Y cuando recibimos su sabiduría, él puede darles un nuevo propósito a nuestros corazones cuestionadores, proporcionándonos nuevos motivos e intereses.

Por lo tanto, en lugar de inquirir: «Dios, ¿cómo hago que esto desaparezca?», podemos hacer una pregunta que conlleva un nuevo propósito.

Lo cual es otra forma de decir...

«Señor, ¿qué hago con este dolor?».

· · ·

Esa es la pregunta que por fin le hice a Dios con respecto a la situación de mi cuello, después de todas las oraciones, la investigación y la preocupación. Finalmente recordé solicitar aquello que más necesitaba, la sabiduría para saber qué hacer con el dolor que estaba experimentando.

Señor, ¿qué hago con este dolor?

Y entonces empecé a recibir las respuestas. No necesariamente relacionadas con qué hacer en cuanto a la medicina. No una contestación acerca de por qué estaba pasando por aquello.

Fueron más bien respuestas que me daban un nuevo propósito, que escribían de nuevo el guion, mi experiencia, lo cual me permitía escuchar a Dios interpretar un ostinato en una canción que yo creía saber.

¿Qué hago con este dolor?
Apóyate más en mí.

¿Qué hago con este dolor?
Busca a los que también están sufriendo. Invierte en ellos.

Respóndeles con mayor compasión de la que creías posible.
Sufre con ellos.

¿Qué hago con este dolor?
Confía en mí.

¿Qué hago con este dolor?
**Úsalo para hundirte a mayor profundidad en el fundamento de
tu fe.**

¿Qué hago con este dolor?
Deja que te madure. Deja que te enseñe perseverancia.

¿Qué hago con este dolor?
Deja que produzca un impacto positivo. Observa cómo lo hago.

¿Qué hago con este dolor?
*Bendícelo como maestro, como compañero, como amigo que te
recuerda el sufrimiento de mi Hijo por la condición humana.*

¿Qué hago con este dolor?
Observa mi creatividad.

Dios le está dando un nuevo propósito a mi dolor. Ahora soy más
amable. Una oyente más intencional. Me muevo con un poco más de
lentitud, lo que significa que dispongo de más tiempo para percibir las
cosas. Soy moderada conmigo misma. Siento mayor empatía.

Y me ha acercado más, mucho más a Dios.

Y esto significa que...

Ahora tengo la oportunidad de ayudar a traer a más personas a
su trono de gracia. Incluso de compartir con mayor autenticidad la
esperanza que tengo más allá de esta vida.

Dios puede darle un nuevo propósito a todo —desde el dolor de
aquel primer matrimonio fallido hasta el diagnóstico de Zealand y mi

actual situación médica— como el gran dador de nuevo propósito que es. Y la forma en que por lo general parece hacerlo es interpretando un ostinato cuando las cosas no resultan como esperábamos, cuando duele más de lo que creíamos posible, cuando afrontamos una decepción más profunda de lo que nos gustaría. Y ese ostinato produce esperanza y sanidad en otras personas con las que no nos habríamos encontrado si todo estuviera saliendo como queremos.

No me pasa desapercibido que la situación de mi cuello debilita mis brazos un poco más de lo normal. Mi brazo y mi mano derechos han permanecido siendo en cierto modo más fuertes, ya que tiendo a usarlos más. Mi brazo y mi mano izquierdos luchan a veces contra el dolor de mantenerse bien.

Sin embargo, esto es lo que sé.

A veces Dios nos hace nadar con un solo brazo para que podamos enganchar el otro alrededor de otra persona y la llevemos a la orilla de la gracia.

Porque tenemos un Dios que puede darle un nuevo propósito a todo, incluso a las cosas que el mundo preferiría «arreglar».

Como aconseja esa gran filósofa, Dory, de *Buscando a Nemo*: «Sigue nadando».

DALE LA VUELTA AL GUION

- ¿En qué aspecto de tu vida sientes que «nadas» de un modo distinto? ¿Has podido usar esto para ayudar a otros? ¿O tal vez has luchado contra estar tan enfocada en ello que ni siquiera sabes cómo usarlo para ayudar a los demás?
- Quizá hayas pensado siempre en Dios como el Gran Proveedor, el Sanador, el Santo. Y lo es. Sin embargo, ¿cómo expande tu entendimiento para que lo veas como el gran dador de un nuevo propósito?

- Cuando afrontas circunstancias desquiciantes, ¿le pides primero sabiduría a Dios? ¿Por qué sí o por qué no? ¿De qué forma podría esto cambiar las cosas si procuraras en primer lugar su don de sabiduría? ¿Y qué ocurriría si le preguntaras qué hacer con aquello que ha surgido en tu vida en lugar de inquirir cómo te puedes deshacer de ello?

Doce

El propósito supremo

A estas horas estarás pensando que soy una especie de lunática. Eso no es nada nuevo, créeme.

Sin embargo, si tú y yo estuviéramos sentadas en torno a mi larga mesa blanca de comedor, tomando café e intercambiando un montón de historias, entre las cuales te contaría esta, debo decirte que no podría hacerlo desde una posición sentada. Tendría que saltar, caminar de un lado a otro y hacer grandes aspavientos. Así es este tipo de historia.

Y probablemente es la clase de historia que solo puede contarse si todavía estás decorando el interior de tu casa como un ratón de ciudad, cuando el exterior de la misma está en el campo.

Y cuando digo campo quiero decir... *pleno campo.*

· · ·

Muchas de mis historias como esta comienzan así: *Nic estaba fuera de la ciudad.*

Es lo que ocurre con nosotros. Llega una loca crisis y Nic está de viaje para cantar, realizar una obra misionera o lo que sea. No me cabe la menor duda de que es algo noble y necesario, pero sé que en el momento en que sucede este tipo de cosas *Nic está fuera de la ciudad.*

Y esto me convierte en el adulto principal a cargo. Lo cual resulta aterrador.

Sin embargo, permíteme respaldar el principio de esta historia que, sí, exactamente, comienza con Nic fuera de la ciudad, pero también marca este pequeño capítulo en mi carrera con los pollos.

No es algo que haya esperado incluir en mi currículo. Pero ahí está.

Además de ser una mamá de pollos, también he prestado servicio como cuidadora avícola de día. Sí, se me ha confiado la limpieza y cuidado de los pollos de otras personas. El chico que nos ayuda a mantener nuestros tres acres segados a una altura respetable también tenía pollos, pero le estaban causando algunos problemas en su vecindario, donde decidieron no permitir pollos residentes. Él se encontraba esperando la licencia de la oficina municipal del condado para que los animales permanecieran en su propiedad, así que para no herir susceptibilidades (entiendes a lo que me refiero, ¿no?), me preguntó si podía dejarme a sus pollos durante un poco de tiempo, ya que mi condado de ratones de campo no tenía inconvenientes con los pollos residentes. Le contesté que sí, que sus pollos serían bienvenidos y podrían quedarse conmigo hasta que resolvieran su situación inmigratoria en el condado. Feliz, me dio las gracias e hicimos planes para que dejara a sus pollos al día siguiente.

Mi carrera avícola se iba ampliando.

Se apareció como habíamos previsto con un par de jaulas, dispuesto a añadir sus pollos a los míos. Y entonces surgió la polémica. Yo había pensado que sus chicas estuvieran con las mías en mi corral grande y elegante. No me preocupaba en absoluto que pudiera producirse una crisis de identidad. Sus gallinas eran de un par de razas distintas a las mías, pero como ya hemos aclarado, yo conozco a mis chicas. De modo que solo las iba a meter juntas y que socializaran un poco entre ellas.

Sin embargo, él no solo trajo gallinas. También había un par de gallos en el grupo, y esto significaba que todos sus pollos vivían juntos en pecado.

De haber llevado en ese momento un collar de perlas, lo hubiera agarrado.

Ahora escucha. Mis gallinas son vírgenes, y yo tenía la intención de que lo siguieran siendo. Lo que menos necesitaba yo era algún gallo revoltoso pavoneándose entre mis niñas puras y siendo una mala influencia. Yo soy mejor cuidadora de pollos que eso. Esta situación imprevista con chicos de la fraternidad de los gallos entrando en el patio pedía a gritos que resolviera el tema con rapidez. Afortunadamente, yo seguía teniendo mi gallinero portátil pequeño, y trasladé allí a los pollos concubinos de mi amigo, los chicos y las chicas, y los puse más abajo en el patio trasero, separándolos de lo que ahora consideraba mi convento de gallinas.

Problema resuelto.

• • •

A la mañana siguiente, Zealand entró inflexible en mi dormitorio.

—No quieo volvé a alimentá a los pollos —me espetó con énfasis—. Son asqueosos. Hay sangue po todas pat-tes. ¡Asqueoso!

Estaba en esa edad en la que se comía las erres, y a veces costaba un poco entenderle.

—¿Qué? —pregunté, frotándome los ojos soñolientos y saliendo de entre las almohadas.

Zealand se levanta sistemáticamente temprano, y le gusta tachar cuanto antes de la lista las tareas que se le asignan. Había salido a primera hora, como de costumbre, a soltar y alimentar a los pollos. Y con frecuencia suele pasar por mi dormitorio al acabar, a fin de informarme cuántos huevos ha encontrado y que ha terminado su faena. Sin duda yo no le había entendido bien. Y todavía no me había tomado mi taza de café, así que toda interpretación era un tanto confusa antes de ese primer golpe de cafeína.

—¿Qué estás diciendo? —pregunté de nuevo.

—Sangue po todas pat-tes —insistió.

Captó mi atención por completo.

—Y pollos muet-tos po todo el lugá. No alimentaé más a esos pollos. Es asqueoso.

—¿Qué quieres decir con que hay pollos muertos por todo el lugar?

La privación de cafeína empezaba a dar paso a la pura adrenalina. Con seguridad no estaba comprendiendo bien lo que Zealand pretendía decirme.

—Mami, mami —empezó a pronunciar con mayor lentitud, ya que yo parecía estar teniendo problemas con su mensaje—. Están muet-tos. Pollos. Po todas pat-tes.

Me levanté de un salto y me precipité hacia la puerta trasera. ¡Mis niñas! ¡Mis niñas! ¡Genevieve y JoJo y Chubby! Giré en la esquina del porche trasero a toda carrera hacia el corral. Subí aprisa la colina desde el patio trasero al corral, aterrorizada por la vista que me podría estar aguardando. Me detuve derrapando ante la puerta de alambre del gallinero, intentando captarlo todo con la mirada.

Una. Dos, tres, cuatro, cinco, seis, siete, ocho, nueve...

Todas mis niñas. Todas presentes y contadas.

Todas... en perfecto estado. ¿Qué?

Zealand posee una imaginación extraordinaria, pero no llegaría a inventar violencia entre los pollos. Entonces, ¿de qué rayos podría estar...?

¡Los otros pollos! ¡Mis pollos de acogida!

¡Los pollos que vivían en pecado!

Giré sobre mis talones desnudos y corrí a la parte baja del patio, donde se encontraba el gallinero portátil.

Y era allí. Una absoluta masacre de pollos. Cinco animales muertos, la puerta del corralillo forzada y abierta. La valoración de Zealand era del todo correcta. Sangue po todas pat-tes.

Era evidente que había cometido un fallo en mi guardería de pollos. De la manera más grande. Esto no quedaría bien en mi currículo.

Un zorro se las había apañado para entrar en el gallinero portátil y había disfrutado de una cena de pollos frescos. Y había dejado todos los restos llenos de plumas para que los descubriéramos.

Y *Nic estaba fuera de la ciudad.*

Empecé a gritar las únicas palabras que sabía gritar. «¡¡¡Señor Howard!?!? ¡¡¡Señor Howard?!?!».

El señor Howard es mi vecino más próximo. Mi patio trasero linda con su jardín lateral, las superficies de nuestros terrenos son gemelas entre los altos pinos. Él casi siempre está en su jardín o en el garaje, trabajando en algo, arreglando algo, cortando algo, plantando algo. Es el verdadero tipo de hombre de Tennessee que acaba todo lo que empieza.

Me oyó llamarlo a gritos y se acercó sin prisa, con su overol y una camiseta sin mangas manchada de sudor, su atuendo matinal.

—Hola, Jaci, buenos días. ¿Qué problema tienes?

—Señor Howard, señor Howard, zorro, sangre, pollos, no mis pollos, corral portátil, sangre, Nic está fuera de la ciudad.

Yo pronunciaba cosas sin sentido y tartamudeaba, todavía conmocionada por la escena del crimen avícola.

—Bueno, cariño. ¡Madre mía! ¡Ah! Sí, al parecer un zorrillo se ha comido a tus pollos. Ha hecho todo un desastre. ¡Vaya!

Al fin pude empezar a hilvanar las frases. Bueno, al menos una entera.

—¿Qué hacemos, qué hacemos, qué hacemos?

El señor Howard se dio media vuelta, entrecruzó sus antebrazos peludos y se mesó la barbilla pensando.

—¿Quieres salvar la carne?

—¿Quéee? —fue casi un grito agudo—. ¡Ah, no! ¡No, no, no! ¡No!

Parecía un tanto sorprendido de que yo no quisiera aprovechar la cosecha inesperada de aves.

—Está bien —decidió—. ¿Tienes un saco o algo parecido?

¿Algo como una bolsa de basura? ¿Acaso este era el protocolo adecuado para la escena de crimen avícola? ¿No debería haber una cinta amarilla, una búsqueda de algunas huellas digitales o algo?

De repente recordé que Nic estaba fuera de la ciudad y que allí frente a mí se encontraba el señor Howard listo para actuar en esta crisis de pollos. De modo que fui a buscar una bolsa de basura.

Cuando el señor Howard hubo recogido la masacre, se topó con otro posible contratiempo en cuanto a lo que se debía hacer a continuación. Verás, en nuestro lado de la calle, el camión de la basura ya había pasado el día antes. Y esto significaba que los basureros ya no regresarían hasta transcurridos seis días. Y era el mes de julio. En Tennessee. Así que te dejo sacar tus propias conclusiones.

—¿Qué hacemos? ¿Los metemos en tu congelador? No me refiero a la carne, ya que dices que no la quieres. Pero tu basura va a apestar a muerto si los echamos ahí.

Se cambió el palillo de dientes de la parte izquierda a la derecha de su boca, proporcionándome un poco de tiempo para pensar. De verdad que no me hacía falta.

—¡No! ¡No, no, no! ¡No! ¡Esa bolsa no va a entrar en mi congelador! ¡De ninguna manera! ¡Ni en mi bote de basura! ¡Ni pensarlo! ¡No!

Yo había regresado prácticamente al punto de no poder formar frases.

—Está bien, está bien —intentó calmarme—. Yo los metería en mi congelador, pero está lleno de bagre y del ciervo que conseguí al final de la temporada de cacería. Déjame pensar, déjame pensar.

Hizo una pausa momentánea, dándose golpecitos en la barbilla, pensativo. Mientras él pensaba qué hacer, me disculpé y corrí a la cocina. Tenía que ingerir un poco de cafeína de inmediato. No son la clase de decisiones que se pueden tomar desde una postura sin cafeína.

Para cuando llegué de nuevo a la escena del crimen, el señor Howard había elaborado un plan. Aunque el servicio de recolección de basura ya había pasado por nuestro lado de la calle —debido a esa manera en que los vecinos de los vecindarios no incorporados se encuentran a merced de límites escolares extraños, los horarios del bus escolar y el servicio de recogida de basura—, las casas del otro lado de la calle figuran en un calendario totalmente distinto. Nuestra basura se recoge los viernes, pero la suya se retira los lunes. Estábamos a sábado, y esto significaba que si podíamos, bueno, hacer una contribución al bote de basura del vecino de enfrente antes de que se la llevaran el lunes, estaríamos en mejor posición para deshacernos de los pollos.

El señor Howard, bendito sea, me dijo que él se ocuparía de todo.

Desconozco cuál de los vecinos de enfrente recibió el regalo provocado por el asalto del zorro al gallinero portátil. No le pedí detalles al señor Howard.

Hay cosas que más vale no saber cuando *Nic está fuera de la ciudad*.

· · ·

Al día siguiente, *Nic seguía AÚN fuera de la ciudad*.

Le presenté mis disculpas al cuidador de mi césped por la muerte de sus pollos. Se entristeció, pero fue comprensivo, y le prometí que le conseguiría otros nuevos. Porque no te olvides de que hay que pedirlos en línea y esperar a que te los envíen a casa o la oficina de correos. Así que problema resuelto.

El señor Howard comprobó mi gallinero grande tras el crimen del corral portátil y lo declaró idóneo, seguro y a prueba de zorros en vista de los acontecimientos del día. Sin embargo, yo pasé la noche angustiada, esperando que todo fuera bien.

Al día siguiente, Zealand se levantó antes que yo, como de costumbre, y se dirigió al corral de los pollos. A continuación, entró de estampida en mi dormitorio.

—Asqueoso. Sencillamente asqueoso.

¿Quéee? ¡No puede ser! ¡No, no, no!

Fui a toda prisa al corral, intentando ignorar la mirada fija y acusadora del gallinero portátil vacío en la parte baja del patio trasero. Mis niñas parecían estar bien, aunque actuaban de un modo un tanto extraño. Se encontraban todas amontonadas, juntas, en un extremo del recinto, algo impropio de ellas. Y parecían un poco nerviosas y aturdidas. Escudriñé la línea de los árboles del patio, preguntándome si acaso sentirían cerca al horrible zorro, o tal vez a un halcón, pero yo no veía nada. Zealand me siguió al jardín con un gesto muy serio.

—¿La ves? Es *asqueosa*.

—¿Qué es asquerosa, cariño? ¿De qué se trata?

—La *sepiente*.

En ese momento justo, yo envejecí diez años.

¿Serpiente? ¿Me encontraba en una caja de alambre con una serpiente?

—Es lo que vi —informó Zealand—. Salí a alimentar a los pollos. ¡Se metió en el ponedero de Genevieve!

Entonces me volví lentamente y vi un destello de unas escamas siniestras y lisas, enrollándose amenazantes en el ponedero. Zealand se dio la vuelta como un soldado ante el palacio de Buckingham y desfiló de regreso a la casa, con su deber cumplido y dejando que yo me valiera por mí misma. ¡Qué gallina!

Por un momento me quedé helada. Porque, ¿cuál es realmente el protocolo cuando acabas de descubrir que estás muy cerca de una serpiente y ambas se encuentran en el mismo recinto? Si es quedarse petrificada, no moverse, entonces esa fue mi estrategia. Sin embargo, al final imaginé que jugar a la estatua de sal en la que se convirtió la esposa de Lot no sería muy útil para cuidar de mis niños y preparar el desayuno, a menos que yo sobreviviera a la lucha con la serpiente dentro de aquella jaula.

Por tanto, empecé a gritar las únicas palabras que sabía gritar. «¿¡¿Señor Howard?!?! ¿¡¿Señor Howard?!?!».

Nada. Grillos.

En un alarido pronuncié su nombre unas cuantas veces más, y solo me respondió el eco de mi propia voz en las colinas. Había llegado la hora de tomar medidas extremas. Le ordené a mi cerebro que desbloqueara mi cuerpo y lo hiciera huir. Afortunadamente, mi cuerpo y mi cerebro colaboraron, y me precipité hacia la puerta trasera, cerrando la puerta de la cocina de un portazo y observando por la ventana para ver si la serpiente me había perseguido.

Agarré mi teléfono móvil, busqué la información de contacto del señor Howard y hundí el dedo con fuerza en el botón de marcado.

—¡Vaya! Hola, Jaci. ¿Cómo estás esta mañana? —retumbó su voz del otro lado de la línea.

Yo habría podido llorar de puro alivio.

—Serpiente, pollos, serpiente, serpiente grande, serpiente, *Nic está fuera de la ciudad*, serpiente, serpiente, serpiente. ¡Socorro! —apremié.

—Jaci, me encantaría acudir en tu ayuda, pero me he cortado un dedo y ahora mismo estoy en el hospital.

Es importante que sepas que el señor Howard se ha cortado tres, quizá cuatro, de los dedos en los seis años que llevamos de vecinos. Suele herirse con una sierra eléctrica, una herramienta descontrolada, o vete a saber con qué. Recoge el dedo, lo mete en el bolsillo de sus shorts o su overol, y se va canturreando a urgencias. Allí se lo cosen con diversos grados de precisión. Al señor Howard le pegan los dedos con la frecuencia que la mayoría de las personas se lavan los dientes.

Esta última decapitación de dedo fue muy inconveniente para mí. Mucho. Dada la situación de la serpiente en el corral.

A continuación llamé al señor Profesor, otro de mis vecinos. Este no es su nombre real. Pero es maestro. De algo así como biología neuro-no-sé-qué superinteligente. Imaginé que tal vez la biología o cualesquiera fueran sus demás títulos podrían ayudarme con la eliminación de una presencia ambiental maligna. No estoy afirmando que toda mi lógica de crisis con los pollos tenga sentido. Sin embargo, como ya te he indicado, el señor Howard no estaba disponible.

—¿Dígame? —respondió cuando marqué, con el móvil entre mis sudorosas manos y mis nervios destrozados.

Expliqué rápidamente la catástrofe que se estaba desarrollando con la serpiente.

—Bueno... —aspiró aire, pensativo—. Llegaré enseguida. ¿Tiene usted una pala pequeña?

¿Una pala pequeña? ¿Acaso no le acababa yo de describir a una especie de monstruosa serpiente tipo pitón que había invadido el castillo de los pollos?

—Mire —me explicó con demasiada calma— lo más humano y lo mejor para el medioambiente es reubicar a la serpiente. La recogeré con una pequeña pala y la llevaré al interior de los bosques.

Reubicar. ¡Era justo lo que yo estaba pensando! Reubicar a la serpiente de nuevo en las profundidades del Hades de las que se había deslizado. Eso fue lo que le comenté al señor Profesor.

—¡Oh, no! No, no —se burló el señor Profesor—. Las serpientes son buenas. Lo son para el ecosistema. No queremos hacerle daño, sino ayudarla, y ella hará lo mismo con nosotros.

Bla, bla, bla.

Permíteme aclararte. Si no te ciñes a mi teología particular de la serpiente, en la que se entiende que todas son malas, podemos seguir siendo amigas. Pero estás en un error.

Un error sumamente grande.

Yo estaba desesperada por sacar a la serpiente de mi gallinero.

Y... ya conoces la frase clave.

Nic... estaba... fuera... de... la... ciudad.

De modo que las opciones eran limitadas.

El señor Profesor siguió insistiendo en su opinión sobre la compasión por la serpiente, y yo le mostré el camino al corral. La serpiente había decidido ponerse cómoda en el borde de los ponederos, en la parte trasera del gallinero, y había formado una espiral siniestra con sus anillos negros como tinta. Cuando el señor Profesor se acercó a los ponederos, el reptil empezó a moverse, presintiendo posiblemente la reubicación en proceso. El señor Profesor agarró la pala con cuidado e intentó deslizarla debajo de la serpiente. Imagino que esperaba que esta se moviera simplemente sobre la hoja de la pala, como si fuera a viajar en una alfombra mágica, curiosa por ver a dónde la llevarían los vientos.

Pero no fue así. La serpiente se deslizó más profundo, hacia los ponederos cubiertos, y ya no la veíamos. El señor Profesor seguía impávido. Introdujo la cabeza al cubículo más cercano del ponedero para descubrir adónde se había ido el reptil. Esos ponederos están oscuros. Personalmente, yo habría cuestionado la cordura de cualquiera que metiera la cabeza en ese espacio, después de haber visto a una serpiente por allí. No obstante, ¿quién soy yo para juzgar, sobre todo cuando no soy la que lo tiene que hacer?

El señor Profesor me habló con voz apagada desde el interior de la caja. «¡No consigo ver adónde se ha ido, Jaci! ¿Podría pasarme su teléfono móvil con la linterna encendida?». Hasta ese momento desconocía que en realidad tengo un firme sistema de creencia sobre mi teléfono y las serpientes. Mi teléfono no debía estar en la proximidad de una serpiente. Resulta que tengo una fuerte ética al respecto.

Sin embargo, una vez más, *Nic estaba fuera de la ciudad* y el Profesor Amante de la Tierra era mi mejor apuesta en ese momento. Y el hombre necesitaba mi teléfono.

Y como yo no quería acercarme más de lo necesario a los ponederos, me incliné tanto como pude desde donde estaba encaramada, cerca de la escotilla de salvamento en la puerta del corral, y le tendí el teléfono con la linterna encendida.

El señor Profesor agarró el teléfono con la palma de una de sus manos y la pala en la otra. Volvió a meter la cabeza en el ponedero, acercándose el aparato a la mejilla en busca de la serpiente. Se retorció y dio vueltas, mirando por todas partes. Apoyó la espalda, volvió a levantar la pala, e intentó alentar de nuevo amablemente a la serpiente a colocarse de buen grado en la hoja de la herramienta. El reptil mostró su desagrado, esta vez con más energía, y se arremolinó a mayor profundidad en el ponedero.

El señor Profesor empezaba a sentirse un poco frustrado. Es un fastidio cuando la naturaleza no quiere hacer lo que los seres humanos desean.

Se sumergió de nuevo en la caja, con la linterna del móvil preparada... y de pronto dejó caer mi teléfono sobre todo el excremento de pollos y plumas que había en la parte inferior del ponedero.

¡Qué bien!

La serpiente silbó, se deslizó y se adentró a mayor profundidad en la penumbra. El señor Profesor ya empezaba a sudar y ponerse colorado.

Siguieron con este baile durante largo tiempo, el señor Profesor intentando preservar la naturaleza salvaje, la serpiente determinada a quedarse en el hábitat domesticado de los pollos debido a... los huevos frescos. El hombre se estaba enojando, y hacía mucho que la serpiente se hallaba enfadada. De no sentirme tan asustada por el reptil, casi habría disfrutado del espectáculo.

Y aquí llega la parte en la que aquellas de ustedes que no comparten mi teología de las serpientes tienen que saltarse esta sección y pasar a la siguiente. Adelante. Háganlo. Las veré en unos minutos.

Para el resto de ustedes, gente de teología sana, este es el resto de la historia.

El señor Profesor llegó al final de su necesidad de reubicar humanamente a la serpiente, salió del corral y regresó con una carabina de aire comprimido con la que realojó vigorosamente al reptil en el abismo del Hades de donde había salido.

Y todo mientras *Nic estaba fuera de la ciudad.*

·   ·   ·

Todas estas son locas historias de mi vida. Y están todas las locas historias de la tuya. Las divertidas, las extrañas, las tristes, las espantosas, las alegres, las inesperadas, las predecibles; estas historias representan nuestro desarrollo. Constituyen nuestra forma de entendernos a nosotras mismas, cómo nos situamos en el mundo. Cuando pienso en mis diversas vivencias, las que me hacen reír, las que me hacen llorar, las que me enojan, las que me enorgullecen, con frecuencia reflexiono en ellas como acontecimientos singulares. Sin embargo, cuando me retiro un poquito, cuando vuelvo a enfocar los ojos de mi corazón, una letra empieza a surgir. Las cosas que yo creía ser incidentes aislados empiezan a conectarse, comienzan a formar una melodía.

¿Te sientes así, como si en tu vida hubiera sucesos aleatorios, estas historias individuales? Permíteme decirte algo: se están incorporando a un todo. No siempre queda claro, no siempre es obvio, pero Dios está ahí, ensartando todos esos sucesos, anécdotas, comedias, tragedias e historias juntas. Tu vida tiene una historia más completa que contar, y Dios conectará todos esos puntos, todas estas experiencias, conforme vives tus días.

A través de todo esto, de todo el aprendizaje, todo el recuento, Dios tiene algo entre manos, un propósito supremo.

Él quiere que sepas algo, que lo asumas en lo más profundo de tu ser para que puedas considerarlo desde todos los ángulos, a partir de cada nota de cada momento que se desarrolla en tu vida.

Él quiere que tú sepas esto: eres su hija. Suya. Querida, amada, designada, colocada de manera específica en el tiempo como suya.

Lo que Dios quiere que hagas con este conocimiento es lo siguiente: que vivas plenamente como hija suya en este día, que seas transformada a su imagen espiritual, que seas por completo aquello para lo que él te creó y te redimió de un modo absoluto.

Solía pensar que todo lo que me sucedía eran fragmentos casuales de buenas y malas decisiones, de días felices y tristes, de veces en las que entendí las cosas de manera correcta o incorrecta.

Sin embargo, tu vida no es aleatoria para Dios. Es una vida rescatada.

Hubo un tiempo en el que no habría comprendido por qué un zorro derribaría mi gallinero portátil. ¿Por qué querría Dios llevarme a casa de mi vecino, el señor Howard? ¿Por qué querría llevarme calle abajo, a casa del señor Profesor? ¿Por qué estaría Nic fuera de la ciudad cuando sobrevino este caos de los pollos?

Desde luego que no estoy afirmando tenerlo totalmente claro ahora.

No obstante, esto es lo que sé. Todo ello forma parte de un libro más grande que Dios está escribiendo, del mensaje que escribe una y otra vez para ti y para mí: que somos suyas, su tesoro, que nos ama.

Dios cuenta las historias más asombrosas. Y está dispuesto a trabajar con todo tipo de material: aquello de lo que me siento orgullosa y aquello de lo que no. Los fallos, el progreso, los dos pasos adelante, el paso hacia atrás.

Quiero decir, considera todos los factores que tuvieron que concurrir en las aventuras del zorro, la serpiente y el vecino. No hay nada aleatorio en ello. En primer lugar, Dios creó la hermosa campiña de Tennessee y una parcela de terreno que cautivaría el corazón de Nic y el mío para que fuera el lugar donde criar a nuestra familia. Él nos permitió mudarnos a un cierto barrio, con personas que viven en la puerta de al lado o más abajo que también son hijos suyos, con sus propios dones y habilidades, personas dispuestas a acudir con rapidez cuando las llamo. Él diseñó a los pollos. Y a los zorros. Y por mucho que me duela, también a las serpientes. Creó las mañanas de verano, las tareas del hogar y los huevos frescos, y lo mezcla todo junto con argumentos que me hacen apreciar a mis vecinos, amar a mis pollos y encontrarlo a él en los momentos hilarantes y las crisis.

De formas pequeñas o grandes, Dios siempre me está mostrando que existe una imagen panorámica en marcha al margen de las escenas cotidianas de mi vida.

¿Y si...?

¿Y si lo dejas entrar en tu historia? ¿Y si le abres tu corazón para permitirle mostrarte que él orquesta todo lo que experimentas, las cosas que desearías poder quitar, aquellas que cuentas como tus mejores días, las cosas que te pesan, las que no eran justas, las deliciosamente asombrosas? ¿Y si pudieras alejar el lente y verlo todo como un hermoso mosaico, como una historia que él está llevando a buen término?

Durante el tiempo que pasé en Londres, visité varias catedrales antiguas. Las piedras añejas, las columnas, los bancos, el incienso y el silencio contribuían a un entorno contemplativo. Y los vitrales me han atraído siempre. Solía pararme delante de una gran ventana y contemplar todos los diminutos cuadritos de cristal coloreado. Un círculo rojo aquí. Una esquirla verde allá. Por allí un trozo azul. Aquellas piezas individuales son importantes, están cuidadosamente elaboradas y colocadas. Algunas de ellas eran de mis colores favoritos. Otras no. Sin embargo, entonces daba un paso atrás. Alzaba la mirada. Estiraba el cuello. Trasladaba la vista de los cristalitos individuales a la historia más amplia.

Y allí estaba. Una historia de la Biblia sobre el sacrificio de un santo de los primeros días de la iglesia contada en cristal. Al dar un paso atrás y permitir que la historia completa entrara en perspectiva, ahora podía ver todos aquellos trocitos con su propósito supremo. Y todos aquellos mosaicos narraban la vida de una persona que le importaba a Dios. Aquel que tiene en mente el designio supremo —que cada una de nosotras fuéramos atraídas a él, recibiéramos su redención y su salvación— cumpliría todos los días lo que ha escrito para nosotras.

> Los detalles de tu vida son relevantes para Dios, porque componen la *historia completa* de tu existencia.

Los detalles de tu vida son relevantes para Dios, porque componen la historia completa de tu existencia. Sí, tu historia puede tener capítulos enormes. Tal vez haya otros que parecen menos importantes. Unos pueden hablar de una devastación. No obstante, sigues aquí.

La historia no ha acabado. La tesis sigue siendo la misma: eres importante para Dios. Vives como hija suya. Y este es el designio supremo de su historia para ti. Esta es la maestría de lo que Dios hace, dándole un nuevo propósito a todo lo que te sucede y lo que ocurre por medio de ti para elaborar una historia más extraordinaria. Es el arte supremo de dar un nuevo propósito.

• • •

Tras la gran incursión del zorro en el gallinero portátil, luego de la batalla campal con la serpiente, después de que el señor Profesor se deshiciera de ella, que yo calmara a mis niñas y volviera a poner paz en el corral, empujé la puerta trasera de la casa para abrirla y me quité las botas de goma en el escalón. Tenía dos cosas en la mente: café y una ducha. Me subí las gafas a la cabeza a modo de diadema, saqué mis llaves de un bolsillo, mi teléfono móvil recuperado (y todavía un tanto manchado de excremento de pollo) del otro, y los dejé sobre el mueble de la máquina de coser, junto a la puerta.

Aquel armario para la máquina de coser.

Esa herencia incómoda que nunca imaginé que encajara en mi hogar, mi decoración, mi plan, mi marca. Aquella cosa que habría tirado, porque creí que no tenía un lugar en mi vida. Sin embargo, allí estaba; con un nuevo propósito, redimida, necesitada y valorada en el contexto de mi vida cotidiana. Aquel armario cuenta la historia del principio de la vida de casada de mi suegra. Contiene la historia de la infancia de Nic. Ahora guarda la de la generación que Nic y yo estamos construyendo con Søren y Zealand. Es el lugar donde pongo mis llaves tras un día mediocre. Es donde las pongo después de los días en que necesito al señor Howard. Y al señor Profesor.

Y me hubiera perdido lo que llegaría a significar si Dios no me hubiera mostrado el arte de dar un nuevo propósito.

Quiero que salgas de este tiempo que hemos compartido con esta idea adentrándose en lo más profundo de tu corazón: tú importas. Le importas a Dios. No permitas que un detalle que no parece encajar en tu vida sea el único enfoque de tu existencia. Dale un nuevo propósito a ese dolor. Considera ese detalle con nuevos ojos. Ponte nuevos lentes. Acepta la personalidad que Dios te regaló y permite que el Espíritu Santo les dé un nuevo propósito a esas partes de ti de cuyo valor no has estado segura. No decidas que es demasiado tarde. Deja que sea Dios quien maneje el reloj. ¡Tu historia tiene muchos capítulos hermosos más! Confía en él con cada matiz, cada elemento. Déjalo pintar de nuevo, restaurar, renovar y redimir.

Y permite que Dios le dé un nuevo propósito a todo para acercarte más a él.

Ahora bien, sabemos que Dios dispone todas las
cosas para el bien de quienes lo aman, los que han
sido llamados de acuerdo con su propósito.
ROMANOS 8.28

Agradecimientos

Dios, mi Padre, tu Hijo y el Espíritu Santo... estoy humillada y asombrada de ser llamada tu hija.

Mi media naranja, Nicolás (Bobs), tu amor ha pintado el cuadro más hermoso de cómo se ve esto: «Esposos, amen a sus esposas, así como Cristo amó a la iglesia y se entregó por ella» (Efesios 5.25).

Zeland, mi hijo mayor, sin ayuda de nadie me enseñaste lo que era el amor a primera vista, y sigues haciéndolo todos los días.

Søren, mi bebé, tu corazón nos enseña a todos cuán buena puede ser la humanidad. No sé qué tiene Dios para ti, pero va a ser increíblemente especial.

Nana y Tata, siempre se han mantenido firmes, y todavía están parados en la brecha. Gracias, los queremos y no sabemos qué haríamos sin ustedes.

Abuelo David y abuela Cathy, los amamos.

Momo y Popo, nunca envejezcan, nunca mueran. ¡Los dos tienen que seguir vivos para siempre!

Julie, eres sobrehumana, gracias por tu amistad y tu increíble familia.

Greg, gracias por animarme, creer en mí y ser un amigo.

Jenny, resulta increíble ver que a veces nos sentimos como una isla, pero es hermoso saber que NOSOTROS no estamos solos en esta tierra, hay otros que tienen historias que reflejan las nuestras.

Laura, Glyna y Sherry... ¡TODAVÍA se están escribiendo las historias de nuestros bebés y van a ser épicas!

Los maestros y futuros maestros de mis hijos, paraprofesionales, archivadores, directores, subdirectores y terapeutas, ustedes me han enseñado mucho. Me sorprende la paciencia que tienen no solo con los niños, sino también con los padres mientras tratamos de navegar por territorios desconocidos. Son muy apreciados.

A las hermosas y encantadoras damas de FEDD... ¡son increíbles!

Al equipo de Thomas Nelson, gracias a todos por su entusiasmo, convicción y apoyo. Estoy emocionada por ver que este libro llegue a las manos que Dios quiere.

A cada mamá, papá, hermano, familia y persona a la que se le han dado hijos muy especiales: nuestro tiempo no es el tiempo de Dios. Su plan es perfecto. También está completamente bien preguntar: ¿Por qué? Es posible que él no responda como piensan que debería hacerlo, pero recuerden esto: «Ustedes no han sufrido ninguna tentación que no sea común al género humano. Pero Dios es fiel, y no permitirá que ustedes sean tentados más allá de lo que puedan aguantar. Más bien, cuando llegue la tentación, él les dará también una salida a fin de que puedan resistir» (1 Corintios 10.13).

Notas

1. Google Dictionary, s. v. «flip the script», consultado el 22 abril 2019, https://www.google.com/search?q=Dictionary#dobs=flip%20the%20 script.

2. Desde hace unos años, «rol» compite con «papel» cuando se trata de lo que debe hacer y decir el actor en una obra de teatro o una película. La palabra es una adaptación del francés *rôle*, presente en *contrôle*, del latín *rotulus* (rollo) y este de *rota* (rueda). Hasta el siglo dieciocho, un *rôle* solo correspondía a «lista», «acta», es decir «manuscrito enrollado». El «rol» del actor está también escrito y le toca aprenderlo. http://etimologias.dechile.net/?rol.

3. Sandi Greene, «When Your Parents Divorce», Enfoque en la familia, octubre 2014, https://www.focusonthefamily.com/ lifechallenges/2014/10/22/15/23/when-your-parents-divorce.

4. Michael Foust, «Christian Music Star Velasquez Criticized for Scenes in New Movie», *Baptist Press*, 24 abril 2003, http://www.bpnews.net/ 15788/christian-music-star-velasquez-criticized-for-scenes-in-new-movie.

5. Andree Farias, «Latin Lovebirds», Crosswalk.com, 12 mayo 2008, https://www.crosswalk.com/11618146/.

Acerca de la autora

Jaci Velasquez ha logrado tres álbumes Platinum® certificados por RIAA®, tres álbumes Gold® certificados por RIAA®, dieciséis sencillos No. 1, seis sencillos más en el Top 10, siete Premios Dove, tres nominaciones a los Premios Grammy® Latinos, y tres nominaciones a los Premios Grammy. También ha aparecido en más de cincuenta portadas de revistas, incluyendo *Teen People*, *Latin Girl*, *Teen Beat*, *Parade* y *People*, y ha aparecido en anuncios de Pepsi, Doritos y Target. Durante casi seis años, ha sido coanfitriona del programa «The Family Friendly Morning Show with Doug and Jaci Velasquez» de Salem Broadcasting Network, que cuenta con más de 1,5 millones de oyentes diarios. Además de escribir, grabar, viajar y ser una defensora de la concienciación sobre el autismo, Velasquez ha aparecido en cinco películas basadas en la fe desde el año 2009, ha sido anfitriona de los Premios SESAC de la Música Cristiana y de la conferencia GMA IMMERSE, y se ha mantenido activa internacionalmente en la industria de la música desde que surgió como artista galardonada a la edad de dieciséis años.